Napf, Der neue Schwabenspiegel

Karl Napf

Der neue Schwabenspiegel

Mit 14 Zeichnungen
von Mechtild Schöllkopf-Horlacher

Konrad Theiss Verlag

CIP-Titelaufnahme der Deutschen Bibliothek

Napf, Karl:
Der neue Schwabenspiegel / Karl Napf. Mit 14 Zeichn. von Mechtild Schöllkopf-Horlacher. – Stuttgart: Theiss, 1989
ISBN 3-8062-0519-1

Schutzumschlag: Mechtild Schöllkopf-Horlacher

Gesamtherstellung: Ebner Ulm
Printed in Germany
ISBN 3-8062-0519-1

Dr. Irmgard Hampp,
der langjährigen Leiterin
der Landesstelle für Volkskunde Stuttgart,
zugeeignet

Inhalt

»Attempto«

»Attempto«, »ich wag's«, oder vielleicht treffender noch »ich will's riskieren«, lautete der Wahlspruch Graf Eberhards im Bart, der später Herzog und im poetischen Rückblick »Wirttembergs geliebter Herr« wurde. »Ich will's riskieren«, sagte auch der Autor, der im Jahre 1946 als Dreijähriger mit dem Rucksäckle auf dem Rücken vom Riesengebirge ins Schwabenland gekommen war und dessen Menschen vom Kindergarten an zunächst mit ehrfürchtigem Staunen und dann mit wachsender Sympathie zu »studieren« begann. Die Frucht dieses »Studiums« ist das vorliegende Buch, das auf eigenen Beobachtungen und, wo diese nicht ausreichten, auf vielen ergänzenden Gesprächen beruht. Von meinen vielen Interviewpartnern sei an dieser Stelle Dr. Irmgard Hampp und Dr. Gustav Schöck besonders herzlich gedankt. Literatur stand nur zu wenigen Themen zur Verfügung. Soweit im Text nicht zitiert, ist hier neben Carl Theodor Griesinger für Anregungen auch Otto Borst, Karl Heinz Hirsch, Alfred Hofmann, Otto Linsenmaier, Walter J. Hollenweger, Rainer Meier,

Martin Scharfe, Jürgen Schweier und Hans-Georg Wehling/H.-J. Siewert zu danken.

»Vorreden spart Nachreden«, schreibt Berthold Auerbach im Vorwort zur Ausgabe von 1857 seiner »Schwarzwälder Dorfgeschichten«; darum sei auch hier die Motivation für dieses Buch offengelegt. Der Erstling des Autors, »Der fromme Metzger«, war von seiner Wahlheimat Horb und Nordstetten inspiriert worden, denn das Dorf Nordstetten war der Geburtsort Berthold Auerbachs; 100 Jahre nach seinem Tode sollten Menschen, die unter ganz anderen Gegebenheiten heute in dieser Gegend leben, geschildert werden. »Der neue Schwabenspiegel« entstand aus dem Verlangen, 150 Jahre nach dem ersten Erscheinen der »Silhouetten aus Schwaben« des Stuttgarter Schriftstellers Carl Theodor Griesinger, ohne Vollständigkeit anzustreben der Frage nachzugehen, wie die Württemberger sich heute darstellen, was an spezifisch schwäbischen Besonderheiten sich erhalten hat. Die 33 Kapitel dieses Buches wollen also eine Art kleiner, inoffizieller Landeskunde sein. Das eine oder andere dieser Kapitel wird dem Autor wohl die gleiche Kritik eintragen, die schon jener Autor einstecken mußte, als man ihm vorhielt, er hätte sein Buch auch »Silhouetten aus Hessen« nennen können. Das »Grundmenschliche« schlägt eben überall durch, und auch Griesinger hat eingeräumt: »Im übrigen sieht der Schwabe einem anderen Menschen so ähnlich wie ein Ei dem anderen.« Dennoch wird der Leser feststellen, daß die meisten der Charakterskizzen auf die Bewohner anderer Länder der Bundesrepublik so nicht zutreffen würden.

Bei der Auswahl der »Porträts« beschränkte sich der Autor im wesentlichen auf den Raum des früheren Herzogtums Württemberg, sparte also die in ihrer Wesensart durchaus eigenständigen Vertreter Oberschwabens und Hohenlohes aus, die von der Unrast des mittleren Neckarraums auch heute noch nicht angesteckt sind. Der im mittleren Neckarraum ansässige Menschenschlag des Neckarschwaben hat sich im Laufe der Jahrhunderte als so erfolgreich erwiesen, daß er heute im ganzen Bundesland Baden-Württemberg dominiert und gar die Badener zu einer Art von Heimatvertriebenen, die im Lande bleiben durften, gemacht hat. Kein Wunder, daß nach Gründung des Südweststaates bei der proporzmäßigen Besetzung der Planstellen im Stuttgarter Innenministerium echte Heimatvertriebene als »Badener« geführt worden sein sollen.

Die Aufgabe, dem heutigen Württemberger gerecht zu werden, ist eine reizvolle, aber auch eine schwierige. Reizvoll, weil er in deutschen Landen einen äußerst ungewöhnlichen Chromosomensatz dominant vererbt, der ihn zu Großtaten aller Art befähigt und ihn trotzdem nicht recht froh werden läßt. Als Land der Dichter und Denker, aber auch der Feinmechaniker einst hoch gerühmt, bietet die Szene der Dichter und Denker in der Gegenwart heute ein eher überschaubares Bild. Die Feinmechaniker gedeihen hingegen nach wie vor, und mancher Tüftler von damals wirkt in seinen Software herstellenden Nachfahren fort. Schwierig ist die Aufgabe, weil Thaddäus Troll fast alles Wesentliche über seine Landsleute schon gesagt hat. Es galt also, Wiederholungen zu vermeiden. Hinzu kommt, daß der Schwabe zwar nicht wie etwa der Bayer gern auf die Pauke haut, aber dafür zumindest hehlingen auf sich und seine Landsleute stolz ist; wie sich zeigen wird, zu Recht.

»Der geneigte Leser muß vor allen Dingen wissen, daß es zwei gelobte Länder in der Welt gibt, das eine ist das Land Canaan oder Palästina, das andere ist Württemberg. Das glauben wenigstens viele ehrliche Württemberger.« So begann der Theologe Christian Gottlob Barth 1843 seine Geschichte von Württemberg, ein anschaulich geschriebenes Volksbuch voller Anekdoten, Sagen und Erzählungen.

Heute geht nicht einmal die Landesregierung in ihren Publikationen so weit. Indes ist das großspurige Auftreten nie Kennzeichen der Schwaben gewesen. Zu seinen sympathischsten Eigenschaften gehört vielmehr seit jeher der Hang zum Understatement und eine bescheidene Zurückhaltung, die im Zeitalter der »Public relations« freilich dem Erfolg recht hinderlich ist. Oft ist diese Tugend dafür ursächlich, daß eloquente »Nordlichter« bei Stellenbewerbungen subtil-verstockten Landeskindern vorgezogen werden, was – nicht nur im Staatsdienst – schon zu krassen Fehlentscheidungen geführt hat. Dem echten Württemberger bringt seine ruhige, besonnene Art im öffentlichen Leben also eher Nachteile ein, während sie ihn im Wirtschaftsleben am Qualitätsdenken festhalten läßt und ihm zu Exporten in aller Herren Länder verhilft. Der Maschinenbau bedarf eben keiner Rhetorik. Weltoffen und heimatstolz zugleich ist der Schwabe heute mehr denn je, wobei seine Weltoffenheit nicht ins Schwärmerische abgleitet, sondern stets einen realen Bezug behält. So mußte sich zum Beispiel eine »Reingeschmeckte«, als sie ihrer alten einheimischen Nachbarin erzählte, sie fahre für vier Wochen nach China, fragen lassen: »Nach China, ja wiea, hend Sie dort ebber?« Doch insgesamt ist nicht zuletzt durch das Fernsehen auch im schwäbischen Dorf das Fenster zur Welt weit aufgestoßen worden, und die ländliche Szene hat sich in den letzten 40 Jahren, und erst recht seit dem 19. Jahrhundert sehr verwandelt. Auch ist die Bevölkerung Württembergs, insbesondere um Stuttgart herum, heute bei weitem nicht mehr so homogen wie damals. Heimatvertriebene, Flüchtlinge, Gastarbeiter und Zuwanderer aus allen Himmelsrichtungen haben ebenso wie die kulturelle Nivellierung durch die überregionalen Medien auf die Württemberger eingewirkt, aber ohne sie letztlich zu verändern. So meinte denn auch eine erfahrene schwäbische Volkskundlerin auf die Frage nach dem kulturellen Einfluß der Heimatvertriebenen: »Außerm Paprika ist nicht viel dazugekommen.«

Das Schwäbische im mittleren Neckarraum ist demnach auch heute noch das prägende Element. Wer mit der Bahn anreist, merkt gleich am Mercedesstern auf dem Hauptbahnhof, daß er in Stuttgart ist, und die Brezelstände auf der Königstraße sind noch immer ein Charakteristikum der Schwabenmetropole. Auffällig ist, daß man im Gegensatz zu früheren Zeiten im Sommer schon um 10.00 Uhr vor den Cafés Weizenbiertrinker beobachten kann, die alle offensichtlich »nix zum Schaffen haben«, weshalb sie ihr Bier früher wohl heimlich getrunken hätten. Für nicht wenige im Lande ist eben heute das ganze Jahr Kirchweih und nicht nur an den wenigen Tagen der ausgelassenen Fröhlichkeit wie zur Zeit der Urgroßeltern.

Auch wenn in den Stuttgarter Cafés der »Johannisbeerkuchen« zu Lasten des »Träubleskuchen« immer mehr auf dem Vormarsch ist – was den zumeist ausländischen Bedienungen recht gleichgültig sein dürfte –, kann insgesamt festgestellt werden, daß sich der schwäbische Volkscharakter allen Einflüssen von außen zum Trotz mit kleinen Konzessionen an die Zeit, die positiv als ein Mehr an Toleranz gewertet werden sollen, doch unzerstört erhalten hat.
Wenn wir heute in einer Art Übergangszeit leben, die dem einen als zweites Biedermeier, dem anderen als Vorstufe der Versöhnungsgesellschaft der Zukunft gilt, in der alle Gegensätze ausgeglichen sind, so kann vorausgesagt werden, daß die Schwaben, die so vieles durchgestanden haben, ohne ihre Eigenart aufzugeben, sich auch im 21. Jahrhundert behaupten werden. Mit einer Devise wie »No nex narrets« dürfte man schließlich in jeder Gesellschaftsordnung zurechtkommen.

Nordstetten, im März 1989 Karl Napf

Die Kehrwöchnerin

Mag für die übrige Welt das Jahr 1492 die Entdeckung Amerikas durch Kolumbus bezeichnen, für das alte Württemberg brachte dieses Jahr mit einem Reinlichkeitsgebot des Grafen Eberhard im Bart, das als erste Kehrwochenordnung anzusehen ist, ein viel einschneidenderes Ereignis. Für Reingeschmeckte ein nahezu unverständlicher Brauch, hat dieses Reglement somit eine altehrwürdige Tradition und ist auch aus dem heutigen Württemberg nicht hinwegzudenken.

Peter Härtling schildert in einem Essay die Konfrontation seiner Mutter mit der Kehrwoche; als »Flichtling« stand sie dieser Praxis zunächst fassungslos gegenüber. Er führt das Kehrwochenwesen letztlich auf die schwäbischen »Tugenden« des Masochismus, der Säuberlichkeit, der Neugier und des Demokratieverständnisses zurück.

Der Masochismus der Kehrwöchnerin ist unübersehbar. Sie genießt es geradezu, »geschafft« zu sein vom Putzen, und so ist die Kehrwoche in Württemberg eine der wenigen lustbetonten Tätigkeiten, die öffentlich ausgeübt werden dürfen und sich allgemeiner Anerkennung erfreuen. Auch mit der »Säuberlichkeit« dürfte Härtling recht haben, ist doch »sauber« eines der höchsten Attribute, die einer Frau zugesprochen werden können, und wenn ein »sauberes Mensch« sagen kann, »bei uns kascht vom Bode esse«, mag das Glück des Mannes vollkommen sein. Freilich ist die Putzwut auch im württembergischen Kernland nicht mehr so ausgeprägt wie noch in den vierziger und fünfziger Jahren, als Kinder samstags keine Wohnung und kein Haus betreten durften, weil die Besitzerin in die Kehrwochen gekommen war, und frische »Tapper« verpönt waren.

Die Kehrwoche bot und bietet auch heute noch die Gelegenheit für die immer mehr zurückgehende »personale Kommunikation«, wie Technokraten neuerdings das gute alte »Schwätzle« nennen, das besonders fruchtbar ist, wenn man sich dabei über die Vernachlässigung der Kehrwoche durch Dritte ereifern kann.

In Württemberg, als einem klassischen Land der Demokratie in Deutschland, kann der Kehrwoche auch eine demokratische Funktion mit geradezu egalitären Zügen nicht abgesprochen werden. Die Kehrwoche kennt keine Standesunterschiede; jeder darf und muß am Schmutz teilhaben, und »gleicher Dreck für alle« ist das geheime Motto der Kehrwochenordnungen.

Arbeit hat in Württemberg noch nie geschändet und Putzen schon gar nicht. So sieht man zumindest auf dem Dorf samstags sogar die »Frau Doktor« die Straße fegen, und wenn das Geld durch den Hausbau knapp wird, geht auch die »Frau Lehrer« als Putzfrau, was in Hannover oder Hamburg kaum vorstellbar wäre.

Die Putzwut der deutschen Hausfrauen, wie sie in Württemberg samstags geradezu exzessive Züge annimmt, ist natürlich auch schon Gegenstand der Forschung geworden. Universitätspsychologen fanden dabei heraus, daß das Putzen zwar nicht mehr wie in alter Zeit erfolgt, um Dämonen zu verscheuchen, sondern der tiefere Sinn des Reinigens darin liegt, Platz für neuen Schmutz zu schaffen. So beschwört die schwäbische Hausfrau an jedem Wochenende den Mythos von Sisyphos und beweist die Richtigkeit der These von Albert Camus, daß Sisyphos ein glücklicher Mensch war. Die weitgehende Askese der Männer bei der Kehrwoche muß daher als großzügige Geste verstanden werden, ihren Frauen diese Quelle der Lust zu erhalten.

Wie hoch selbst Goethe die samstäglich putzenden Frauen einstufte, ergibt sich aus seinem »Faust«, in dem es heißt: »Die Hand, die samstags ihren Besen führt, wird sonntags Dich am besten karessieren!« Es steht allerdings zu vermuten, daß zur Zeit Goethes das samstägliche Fegen vor allem von jungen Hausgehilfinnen und nicht vorwiegend von den Omas durchgeführt wurde.

Diese fegten und putzten freilich mit Lust schon lange bevor »Meister Proper« und »Ritter Ajax« ihnen zu Hilfe eilten, und die Werbung wäre in Württemberg gut beraten, den Hinweis auf Zeitgewinn durch moderne Hilfsmittel mit dem Vorschlag zu verbinden, die eingesparte Zeit zum Beispiel zum Eindünsten zu verwenden, damit man auch diese sinnvoll nutze.

Manchmal wird das liebe Putzen freilich auch zum zwanghaften, sinnentleerten Ritual, wofür die in Stuttgart einmal festgestellte Pflicht, einmal wöchentlich den

Gartenzaun zu reinigen, ein Paradefall ist. Abschrecken sollte auch die ruchlose Tat der Putzfrau eines Pfarrers, die sich darüber ärgerte, daß dessen »Schlamper« von Wellensittich nie sein Bädle benützte. Kurz entschlossen hielt sie ihn unter die Dusche, worauf der arme Sittich zwar vom Staub befreit und sauber wurde, aber an einer Lungenentzündung verschied.

Es gibt, soweit ersichtlich, keine Literatur darüber, inwieweit der Pietismus, der ja manche württembergische Besonderheit erklärt, auch für das Kehrwochenwesen im Lande ursächlich ist. Zu vermuten ist aber, daß man sich der Kehrwochenordnung in der Blüte des Pietismus genauso willig fügte wie der Kirchenordnung und entsprechend auf diejenigen herabsah, die sich dieser strengen Zucht nicht beugen wollten.

Kein Wunder, daß bei solch strengen Sitten in diesem Land auch das »Kehrwochenzeugnis« entstand, das man als eine Art »qualifiziertes polizeiliches Führungszeugnis« sich von neuen Mietern vorlegen ließ. Insgesamt hat die Einrichtung der »Kehrwoche« wohl aber doch in den Mietshäusern mehr zu einem gedeihlichen Zusammenleben beigetragen als geschadet, und es ist bezeichnend, daß im Süddeutschen Rundfunk vor einiger Zeit ein Türke zu hören war, der dieses Instrument zur Sicherung des Hausfriedens lebhaft verteidigte.

So ist für eine rechte Schwäbin im Gegensatz zu mancher Zuwandererin aus dem Norden oder Osten die Kehrwoche denn auch kein Zuchtmittel zur Disziplinierung der Hausbewohner, sondern ein inneres Bedürfnis. Gern geht sie den »schmalen Weg«, aber sauber geputzt muß er sein!

Der württembergische Bezirksnotar

Zu manchen schwäbischen Spezialitäten wie Maultaschen, Autos oder Trikotwaren läßt sich in anderen Teilen der Welt Entsprechendes finden, daß aber ein ganzer Beruf, der außerhalb Württembergs nur aus Juristen besteht, hier von Beamten des gehobenen Dienstes ausgeübt wird wie bei den württembergischen Bezirksnotaren, ist eine schwäbische Spezialität, die ihresgleichen sucht. In einer Zeit, wo man fast schon bei einer Köchin eine Fachhochschulausbildung für erforderlich hält, ist es besonders bemerkenswert, daß die Notarausbildung ohne modisches Bildungsetikett auskommt. Nach alter Väter Sitte findet sie an der Notarschule in Stuttgart und an Notariaten statt.

Die Absolventen dieser Ausbildung, die sich oft schon in der Schule als »Käpsele« hervortaten, sind so gediegen wie diese und stellen einen Beamtenstand de luxe dar. Kommen sie doch einem Ideal nahe, das vielen Beamten vorschwebt: Sie beziehen zwar vom Staat ein festes Gehalt, können aber für einen Teil ihrer Amtshandlungen noch Gebühren für die eigene Tasche erwirtschaften. Dafür bekommt der Klient des Notars aber auch eine juristische Beratung auf den Gebieten des Sachen-, Erb- und Gesellschaftsrechtes, die besser ist als von jedem Juristen, falls dieser sich nicht auf diese Gebiete spezialisiert hat. Die schwäbische Tugend der Genauigkeit und Gründlichkeit, die bekanntlich dem heimischen Maschinenbau sehr zugute kommt, wirkt sich auch bei den Notaren vorteilhaft aus und macht sie in der Praxis zu juristischen Feinmechanikern, so daß der württembergische Bezirksnotar auch von diesem Gesichtspunkt her als typisch schwäbischer Beruf angesehen werden kann.

Als Schulabschluß hat der ältere Notar oft nur mittlere Reife und geht dementsprechend ohne Akademikerallüren nüchtern in Gesinnung und Art seinen Dienstgeschäften nach. Seinen maßvollen Wohlstand verbirgt er gern hinter bescheidener Kleidung, wie es in Württemberg üblich war und ist. Geradlinig wie sein Charakter ist auch seine Handschrift, und so ist er in der Lage, auch einmal einen Vertrag von Hand aufzusetzen, wenn die Sekretärin ausfällt, was Juristen schon schwerer fallen dürfte.

Insbesondere den Notar auf dem Lande zeichnet eine hervorragende Orts- und Personenkenntnis aus; laufen bei ihm doch die dort oft in aller Heimlichkeit vollzogenen Grundstücksgeschäfte zusammen, die großer Diskretion bedürfen. In seiner Objektivität und Unbestechlichkeit kann so ein Notar als Inbegriff der Rechtschaffenheit angesehen werden. Bei einer Tombola »unter Aufsicht eines Notars« kann man also noch sicherer sein, daß nicht gemogelt wird, als wenn dabei ein Pfarrer am Werke wäre.

Von einem württembergischen Bezirksnotar könnte man deshalb auch getrost einen Gebrauchtwagen kaufen, was bekanntlich nicht einmal bei jedem amerikanischen Präsidenten ratsam ist, wie die Gegner Nixons behaupteten. Notare wären auch ideale Partner in Lotto-Gemeinschaften, doch auf solch fragwürdige Unternehmungen lassen sie sich nicht ein, und mit Leuten, »die der Oma ihr klein Häuschen versaufen und dazu die erste und die zweite Hypothek«, wollen sie schon gar nichts zu tun haben.

Wie jeder Beruf prägt auch das Amt eines Notars sein Weltbild, und wenn er mit seiner Frau im Bezirk spazierengeht, sieht er nicht nur die Häuser und Gärten, sondern stets auch die darauf ruhenden Grundschulden und Hypotheken. Manches Anwesen stellt sich ihm dann gar nicht mehr so schön dar wie seiner Begleiterin. Überhaupt gilt ihm als gesicherter Grundsatz, daß man nie ein Urteil über einen Mann abgeben solle, bevor man sein Grundbuch gesehen habe.

Auf dem Lande geht der Herr Notar gerne einem standesgemäßen Hobby nach, der Imkerei, was ihn zu Zeiten unerreichbar macht; oder er hält sich gar ein Reitpferd. In der Stadt wäre dies zwar Ausdruck eines gewissen Snobappeals, doch in ländlichen Regionen sollte man ihm dies nachsehen, kommt dort doch zuweilen sogar der Klerus zu Pferde daher.

Je älter so ein schwäbischer Bezirksnotar wird, desto größer wird seine Lebenserfahrung und Lebensklugheit. Immer besser weiß er Eiliges von weniger Pressantem zu unterscheiden, und mancher Vorgang liegt recht gut beim Notar, wo ja nichts passieren kann. Die Pingeligkeit, zu der er von Amts wegen verpflichtet ist, kann jetzt zur Pedanterie auch in privaten Dingen werden. Auch sein Deutsch tendiert mehr und mehr zu umständlichen Formen; aber dafür stimmt in seinen Erb- und Gesellschaftsverträgen alles ganz genau, weshalb ihm für seine »gehabte Mühewaltung« stets zu danken ist. Er weiß sehr gut, daß es menschelt, wo es Menschen gibt, und er kennt den Unterschied zwischen den »guten und bösen Tagen« im Leben seiner Vertragsparteien. So weiß er um Freud und Leid im Leben der Bewohner seines Bezirks und um die tiefe Wahrheit, daß das Erben oft noch unseliger ist als das Sterben.

Der Gemeinderat

Nach Max Weber besteht die Kunst der Politik darin, dicke Bretter mit Leidenschaft und Augenmaß zugleich zu bohren. Der besondere Vorteil der Kommunalpolitik besteht nach bösen Zungen nun darin, daß man gelegentlich solch dicke Bretter vor dem Kopf mancher Beteiligter noch deutlich sehen kann, während dies in größeren Parlamenten kaum noch möglich ist.

So gilt denn auch der Gemeinderat als schwierigster Bereich der Demokratie, in dem man das Gras wachsen hören muß. Anzufügen ist, daß in diesem kommunalen Gras auch viele Brennesseln wachsen, und die Nähe zum Bürger den Kommunalpolitiker häufig auch »versengelt«. Es gilt in Anbetracht der kommunalen Gefahren denn auch als sicherster Weg, einen Idealisten in einen Menschenfeind zu verwandeln, wenn man ihn ohne Aufklärung über die Abgründe in der kommunalen Politik zum Gemeinderat macht.

Von der reinen Naturwissenschaft abgesehen, erscheint es ohnehin nicht ratsam, einem Problem auf den Grund zu gehen. Schon die Sozialwissenschaften fördern gar Schreckliches zutage, von der Tiefenpsychologie ganz zu schweigen. Wer aber in der Politik und gar in der Kommunalpolitik einer Sache auf den Grund geht, wird immer bei einem Abgrund enden. Zwar sind die Interessen eines Flick für die Kommunalpolitik ein paar Nummern zu groß: aber auch so manches unerklärliche Verhalten von Mandatsträgern im Gemeinderat geht letztendlich auf ein geschäftliches Interesse oder eine Grundstücksfrage zurück, weshalb man, wenn man es positiv sehen will, die Gemeindepolitik auch als die menschlichste Form der Politik bezeichnen könnte. In diesem Bereich des politischen Lebens wird daher auch besonders deutlich, daß das politische Trachten eines Menschen im Regelfall seinem Geldbeutel hinterherläuft und dies nicht nur bei uns und in der heutigen Zeit, sondern als überkommenes weltweites Gesetz.

Ein Vorteil der lokalen Politik ist andererseits, daß sie ein schlechter Tummelplatz für Ideologen ist, weshalb diese gern ein oder zwei Etagen höher in den Parlamenten einsteigen, wo die Überprüfbarkeit der Theorie durch die Fakten nicht mehr so leicht möglich ist.

Das wichtigste Positivum der Rathauspolitik im Württembergischen aber ist, daß sie im Gegensatz zum badischen Landesteil noch immer nicht völlig politisiert ist. Zwar sitzen die Parteien überall in den Gemeinderäten, aber noch immer bilden die Freien Wähler und andere ungebundene Gruppierungen in den meisten Gemeinden das Zünglein an der Waage, oder, wenn man das andere Ende des Verdauungstraktes zur Kennzeichnung vorziehen will, den Waagscheißer. Dies hat eine alte und gute

Tradition im Lande, die freilich tendenziell schwindet. Allgemein ist festzustellen, daß auch bei uns immer weitere Bereiche der Gesellschaft politisiert werden, worüber außer den Parteien eigentlich niemand froh sein kann.

Wie sieht nun das Leben eines solch »ungebundenen Gemeinderates« aus. Er hat meist einen hohen Bekanntheitsgrad und einen »ordentlichen« Beruf und ist nicht selten selbständig. In der Regel ist er ein »gestandener« Mann, doch drängen immer mehr auch Frauen in die Gemeinderäte vor, wobei so manche als »Alibifrau« gedachte Rätin bald den Männern etwas vormacht. Noch reicht das »Feigenblatt« der Frauen in der Politik freilich nicht aus, um alle Blößen der Männer zu bedecken.

So ganz frei, wie sein Name es besagt, ist ein »freier Gemeinderat« natürlich nicht, wird er doch dem bürgerlichen Lager zugerechnet, was allzu revolutionäre Denkansätze von selbst verbietet. Umrahmt von grünen Lehrern, roten Lehrern, gelben Apothekern und schwarzen Handwerkern und Händlern, kommt ihm aber doch eine Bewegungsfreiheit zu, die nur von seinen wirtschaftlichen Interessen begrenzt wird.

Zuerst muß er aber einmal gewählt werden, wozu seine Sippe meist nicht ganz ausreicht, weshalb er möglichst auch Mitglied aller Vereine an seinem Ort sein sollte. Dabei hat die Mitgliedschaft im Schwäbischen Albverein den besonderen Vorteil, daß er ab und zu an die frische Luft kommt, und der Gesangverein bietet ihm die Möglichkeit, seine Stimme zu erheben, ohne daß ihm der Bürgermeister oder seine Frau dazwischenfährt.

Klugerweise legt er Wert darauf, es mit niemandem zu

verderben. Stets bewährt hat sich im ländlichen Raum auch die Regel des wackeren Landtagsabgeordneten von der Münsinger Alb, Tiberius Fundel, auf einen eigentlichen Wahlkampf, der ja nur Ärger bringt, zu verzichten und statt dessen alle Hochzeiten und Beerdigungen zu besuchen. Dieses volkstümliche Verfahren bietet sich für einen »Freien Wähler« erst recht an, da er sich dabei politisch nicht festlegen muß.

Einmal gewählt, beginnen andere Probleme. Als Gemeinderat ist er jetzt eine Persönlichkeit des öffentlichen Lebens und kann sich Kapriolen jedweder Art ohne politischen Prestigeverlust nicht mehr erlauben. Auch für seine Frau ändert sich das Leben. Mit der Wahl wird sie in den Rang einer »Gattin« erhoben, und das Ehepaar rückt zum Establishment der Gemeinde auf, das auf dem Lande noch ein viel ungebrocheneres Selbstgefühl besitzt und demonstriert, als es in den Städten möglich ist. Für die gesellschaftliche Aufwertung zahlt die »Gattin« aber einen sehr hohen Preis, wird sie doch dafür ihren Gatten während der Woche und oft auch am Wochenende los, was zwar manche begrüßen, aber eben nicht alle. Ist die Frau Gemeinderat fit, weiß sie sogar, wo ihr Mann abends steckt, ob im Verwaltungsausschuß, der Fraktion, der Hauptversammlung des Sportvereins, der Veranstaltung des Handels- und Gewerbevereins oder der Sitzung des Gemeinderats selbst. Andere resignieren freilich bald und bescheiden Anrufer nur noch mit der lapidaren Aussage, ihr Mann sei »unterwegs«.

Der parteiunabhängige Gemeinderat hat dabei oft gar kein schlechtes Gewissen, denn fernsehen können seine Frau und die Kinder ja schließlich auch allein, und er

braucht ja auch nicht wie seine christlich-konservativen Kollegen überall den Wert und die Bedeutung der Familie zu preisen. So sind viele Gemeinderatsehen vielleicht gerade deshalb so stabil, weil man sich so selten sieht.
Ein guter Gemeinderat will, daß aus seiner Gemeinde etwas wird und ist gewissermaßen immer im Dienst. So beschert ihm jeder Gang durch seinen Ort neue Erkenntnisse, die er, soweit möglich, auch politisch umsetzt. Hin und wieder erhält der Gemeinderat für seine politische Arbeit auf dem Rathaus auch wertvolle Tips aus der Familie, sei es, daß die »Gattin« auf fehlende Parkmöglichkeiten hinweist, oder der gehfaule Sohn beim Sonntagsspaziergang meint, daß an dieser Stelle eigentlich ein Bänkle stehen sollte. In der Regel gelingt es ihm dann auch, solche Fingerzeige in konkrete Taten umzusetzen, und der Schultes und seine Verwaltung würden ihn gern ausschließlich auf solche Betätigungsfelder verweisen, was trickreichen Spezialisten unter den Bürgermeistern auch da und dort immer wieder gelingen soll.
Ein ehrgeiziger Gemeinderat wird aber so nicht mit sich umspringen lassen und das Ziel haben, jeden wissen zu lassen, daß im Flecken ohne ihn nichts läuft. Wie jeder Angehörige der Legislative hat er auch den Traum, wenigstens ab und zu Exekutive spielen zu dürfen. Er geht dann zwar nicht mit der berühmten Krawatte ins Bett, aber ist doch sehr zufrieden, wenn er mit Ehefrau dem Kleintierzüchterverein zur 25-Jahr-Feier die Grüße des Bürgermeisters überbringen darf.
So ein »freier Gemeinderat« meint es gut mit seiner Gemeinde, wobei er seinen Vorteil aber nicht aus den Augen verliert. Dafür können die vielen Vertreter des öffentli-

chen Dienstes in den kommunalen Parlamenten eine sinnvolle ausgleichende Funktion haben, sollte ihnen die Vertretung des Gemeinwohls doch leichter fallen als anderen.

Ein guter Taktiker muß jeder Gemeinderat sein, ein »freier« aber ganz besonders. Und wenn es ihm nicht gelingt, seiner Stimme zum Siege zu verhelfen, so wird er sie auf der »Nachsitzung« um so lauter erheben müssen, kommen doch hier oft erst die eigentlichen Motive der Ratsmitglieder zum Vorschein.

Ein neuer Aspekt ist in das Gemeindeleben gekommen, seit der Wohlstand in den Städten und Dörfern auch den kulturellen Bereich erreicht hat. Seit man alles hat, hat man jetzt auch Geld für die Kultur und dies sogar im ländlichen Raum. Nun hat ein rechter Gemeinderat schon immer etwas für Kultur übrig gehabt, »wenn sie etwas taugt« wie z. B. »My fair lady« oder die Auftritte der Anneliese Rothenberger. Aber solche Spitzenleistungen bekommt man eben selten aufs Dorf. Statt dessen verlangt man von einem Gemeinderat heute, zu Künstlern und Kunstwerken »Ja« zu sagen, die er privat nicht ins Haus lassen würde, oder im Vertrauen auf die »schweigende Mehrheit« »Nein« zu sagen und dafür öffentlich als Banause verschrien zu werden.

Man sieht, das Amt eines Gemeinderats ist ein durchaus haariges Geschäft, und der Aufwand an Zeit und Energie stehen für den Gemeinderat oft in keinem Verhältnis zum politischen Ertrag und dem eingeheimsten Ärger. Aber, immerhin, hält er einen Zipfel der Macht in den Händen, und dies ist ein Ersatz für so manche Frustration.

Allen intellektuellen Kritikern der Praxis in den Kommunen sei gesagt, es hätte alles noch viel schlimmer kommen können, nämlich, wenn nur intellektuelle Kritiker in den Gemeinderäten säßen. So erscheint z. B. ein »Radikalökologe« in jedem Gemeinderat durchaus notwendig, aber meist auch ausreichend: Zum Backen braucht man schließlich zwar auch die Hefe, aber doch vor allem Teig.

Der Schultes

Der Bürgermeister in Baden-Württemberg hat einen einzigartigen Beruf. Dies ist nicht etwa nur seine eigene Meinung, sondern durch sorgfältige wissenschaftliche Untersuchungen eingehend belegt. Die süddeutsche Ratsverfassung gibt ihm mehr Rechte und Möglichkeiten als all seinen nord- und westdeutschen Kollegen; nur der bayerische Bürgermeister kann sich mit ihm messen, wenngleich er durch das dortige Wahlverfahren stärker an Parteien gebunden ist als sein baden-württembergischer Kollege.

Die Volkswahl stärkt die Stellung des Schultes in Süddeutschland. Diese »Salbung durch das Volk« führt zu großer Volksnähe und vor allem in kleineren Gemeinden zu einer ausgeprägten »Ärmelzupfdemokratie«. Während man vor wenigen Jahren glaubte, mit großem Aufwand die »Bürgernähe in der Verwaltung« postulieren zu müssen, war dies für den schwäbischen Schultes unnötig, da seit jeher selbstverständlich. Die Tatsache, daß die süddeutschen Städte im allgemeinen besser dastehen als die

nord- und westdeutschen, hat ihre Ursache neben strukturellen Unterschieden auch darin, daß im Süden der Bürgermeister für alle erkennbar die Verantwortung trägt, was der Kommunalpolitik sehr zugute kommt.
Für solch ein besonderes Amt braucht man zwangsläufig Persönlichkeiten mit Profil, wozu eigentlich auch Ecken und Kanten gehören, obwohl bei unseren Bürgermeistern, zumindest im ländlichen Raum, »Rundköpfe« dominieren.
Im Gegensatz zum badischen Landesteil, in dem sich unter den Bürgermeistern noch viele politisch motivierte Amtsinhaber aus recht unterschiedlichen Berufen finden, sind die württembergischen Bürgermeister nahezu durchweg Fachbeamte. Eine fachliche Qualifikation für dieses schwierige Amt ist bemerkenswerterweise aber noch immer nicht vorgeschrieben, weshalb auch krasse Außenseiter kandidieren dürfen, was Bürgermeisterwahlen hierzulande oft sehr farbig macht. Ihre Ausbildung erhielten die württembergischen Gemeindechefs in der Regel auf den »Kaderschmieden« des gehobenen Dienstes. Insbesondere die frühere Schule in Haigerloch ließ – nicht zuletzt wohl wegen der räumlichen Enge und wohl auch dank der leistungsfähigen Brauerei am Ort – unter ihren Absolventen ein enges Netz von »Kurskameraden« entstehen, das von weniger Wohlwollenden schon als »Haigerlocher Mafia« bezeichnet wurde. Trotz guter theoretischer Ausbildung ist solch ein schwäbischer Bürgermeister jedoch kein Theoretiker oder gar Ideologe, sondern der klassische Pragmatiker, wobei er es sich aber sehr zur Ehre anrechnet, wenn ihn ein Festredner etwa als »pragmatischen

Idealisten« bezeichnet, denn Ideale hegt er durchaus in seinem Herzen.

Der württembergische Schultes legt großen Wert auf seine Unabhängigkeit. Sie zu erhalten ist jedoch nicht ganz einfach, wenn es am Ort z. B. nur einen großen Gewerbesteuerzahler gibt oder eine Partei allein dominiert. Aus dem Parteienkampf hält er sich gerne heraus, denn er will aller Bürger Bürgermeister sein. So ist noch immer jeder zweite Bürgermeister im Lande parteilos, und die übrigen halten auf eine gewisse Distanz zu ihren Parteifreunden.

Merkwürdig ist, daß es bei den Bürgermeistern – nicht nur bei uns – de facto ein Berufsverbot für Frauen zu geben scheint. Gesucht werden leutselige »gestandene Männer«, die andererseits noch recht jung sein dürfen. Einen derartigen Typus scheint es bei Frauen offensichtlich nur höchst selten oder gar nicht zu geben. Vielleicht hängt das Fehlen von Frauen unter den Bürgermeistern aber auch nur damit zusammen, daß die Schlitzohrigkeit, ohne die es zumindest auf dem Dorf bei einem Schultes nicht abgeht, eine typisch männliche Eigenschaft sein dürfte.

Schlitzohrigkeit braucht der Bürgermeister nicht zuletzt im Umgang mit dem Gemeinderat, den er meist mit viel taktischem Geschick regiert. Dabei verfolgt er das Ziel, dem Gemeinderat klarzumachen, daß er im Grunde nur seinen, des Gemeinderats Willen vollstreckte, wobei des Bürgermeisters Kunst freilich darin besteht, dem Gemeinderat erst einmal zu sagen, was dieser überhaupt will.

Konfessionell halten sich die Bürgermeister in der Regel

etwas bedeckt und teilen üblicherweise die Religionszugehörigkeit mit der Mehrheit ihrer Gemeinde. Wenn Heinrich IV. von Frankreich noch aus politischen Gründen die Konfession wechselte, so würde dies ein schwäbischer Bürgermeister bei aller Schlitzohrigkeit aber doch nicht tun; Paris liegt freilich auch nicht in Baden-Württemberg.

Wichtig ist, daß der Bürgermeister bei der Wahl »von außen kommt«, also unbelastet von Verstrickungen in seiner Gemeinde ist. Selbst »Reingeschmeckte« haben eine Chance, ja sogar Badener, wobei die Gegenseitigkeit allerdings nicht verbürgt ist.

Ist der Bürgermeister dann gewählt, lernt er sehr schnell seine Pappenheimer kennen, und in Orten bis etwa 2000 Einwohner ist er stolz darauf, nach einiger Zeit alle Gemeindebewohner persönlich zu kennen.

Nahezu allwissend war der württembergische Bürgermeister früher, als ihm noch der tägliche Polizeibericht vorgelegt wurde und als auch noch die Grundbücher auf dem Rathaus verwahrt wurden. Letztere waren die Lieblingslektüre der Verwaltungskandidaten, die dabei manch einen Hinweis für die richtige Partnerwahl bekommen haben mögen.

Für alles in der Gemeinde zuständig, bildet der Bürgermeister in der Praxis ein Ein-Mann-Kabinett.

Da »Vitamin B« für sein Berufsleben besonders wichtig ist, beginnt er sofort, ein dichtes Netz von Beziehungen aufzubauen. Bürgermeister größerer Orte antichambrieren selbst beim Regierungspräsidium oder in den Stuttgarter Ministerien und flattieren die beamteten Zuschußgeber. »Kleinere« Schultes schicken »ihren« Abgeordneten vor oder machen raffinierte »konzertierte Aktionen«. Sie gehen dabei viel geschickter vor als etwa ein oberschwäbischer Oberbürgermeister, der mit der Pfiffigkeit eines Bauraschultes seine Ferngespräche nach Bonn und ins Ausland bei seinen Stuttgarter Ministeriumsbesuchen zum Schrecken der Gastgeber nebenher abwickelt, was die Verhandlungen nicht gerade fördert.

Genauso wichtig, wie Besuche in der Residenz zu machen, ist es für einen erfolgreichen Bürgermeister, Beamte aufs Land zu locken, um vor Ort Probleme aufzeigen zu können und – vor allem – die Herren aus Stuttgart gut zu bewirten. Warmes Essen gilt nicht als Bestechung, wirkt aber trotz der guten Ernährungslage bei vielen Beamten noch immer so, zumal es für die Ministerialen nicht wie für die Betriebsprüfer in der Steuerverwaltung eine Anweisung gibt, sich bei Einladungen auf der Speisekarte allenfalls »in der Mitte« zu halten.

So muß der Leiter einer Kommune nicht nur ein guter »Innenminister«, sondern auch ein guter »Außenminister« sein und natürlich auch ein guter »Finanzminister«, d. h. eine feine Nase für staatliche Zuschüsse haben, wobei er freilich manchmal nicht merkt, daß er durch den »goldenen Zügel« auch einmal in die für seine Gemeinde falsche Richtung gelockt werden kann.

Seine Allzuständigkeit in der Gemeinde hält den Bürgermeister fit und hindert ihn, einseitig zu werden, wie dies bei älteren Verwaltungsbeamten bekanntlich oft der Fall ist. Er kümmert sich um alles, und so sind es hauptsächlich die Bürgermeister und weniger die Stuttgarter Bürokraten, die das Land funktionsfähig erhalten.

Die Souveränität eines Schultes in seinem Amt erkennt

man im übrigen nicht zuletzt daran, wie viele Probleme er zu »Geschäften der laufenden Verwaltung« erklärt und damit den Gemeinderat gar nicht erst einschaltet.
Lange Tage und lange Nächte kennzeichnen sein Berufsbild. Nach der schier endlosen Gemeinderatssitzung schließt sich meist noch eine lange Nachsitzung im Gasthaus an, bei der ein kluger Schultes bereits die nächste Sitzung vorbereitet.
Eine Belastung besonderer Art ist die ganzjährige Beschlagnahme des Bürgermeisters durch die Vereine, die »heiligen Kühe« der Kommunalpolitik. Dazu kommt auch noch die Feuerwehr, die zwischen den Bränden immer wieder der Aufmunterung bedarf.
Manchmal wird es im sommerlichen Festlesbetrieb auch dem fleißigsten Bürgermeister zuviel. Er fühlt sich dann als »Kotzkübel«, »Blitzableiter« und »Festochs« zugleich und zieht sich in seine Familie zurück, deren Mitglieder ohne zusätzliches Gehalt oft ebenfalls von der Gemeinde vereinnahmt werden. So schön er sein Amt auch findet, beklagt er doch die Defizite im Privaten, das eingeschränkte Familienleben und das Fehlen richtiger Freunde. Dann denkt wohl so manches Mal auch der kleine Dorfbürgermeister, wie recht doch der Rommel im großen Stuttgart hatte, als er sagte: »Jedermanns Liebling ist jedermanns Dackel.«
Auch wenn er keinen aufmüpfigen Gemeinderat, d. h. einen Gemeinderat mit keinem oder nur »zahmen« Lehrern hat, ist sein Amt kein Schleckhafen, und Lust und Last liegen nahe beieinander. Hat er gar eine Gemeinde erwischt, die finanziell heruntergewirtschaftet war oder große Strukturprobleme hat, dann greift er manchmal

schon zur »Nikotin-Koffeindiät« oder, kaum vorteilhafter, zum Glas, um seine psychischen Belastungen auszugleichen. Geht man hierzulande doch ohnehin davon aus, daß ein Bürgermeister »etwas vertragen« muß, und Gelegenheit, dies zu beweisen, gibt es für einen Schultes oft.
Auch im erotischen Bereich kann die Versuchung lauern, und wenn ein Schultes in seiner »Not« einmal »nebennaus« geht, so wurde zumindest in liberaleren Zeiten, die ja noch gar nicht so lange her sind, dies außerhalb der pietistisch geprägten Gegenden auch mehr oder weniger toleriert, es sei denn, der Bürgermeister verwendete zur Verführung der Sekretärin gemeindeeigenen Wein, was freilich unverzeihlich ist.

Je weiter seine Gemeinde von Stuttgart entfernt liegt, desto ausgeglichener ist in der Regel sein Seelenleben und so unkonventioneller oft seine Methode, die Gemeinde attraktiver zu machen, wenngleich er nicht so weit gehen würde wie ein bayerischer Kollege, der vor Jahren auf Gemeindekosten im Lotto spielte, um ein Hallenbad zu finanzieren.

So ist der schwäbische Schultes ein rechter Allroundman als Helfer, Vermittler und Anwalt seiner Bürger, der sich niemandem versagt und, wie es in einem kleinen Dorf vorgekommen ist, auch dem gebrechlichen Rentner hilft, der aufs Rathaus kommt, um seine Schuhe zubinden zu lassen. Genauso wichtig ist er als Impulsgeber, ja sogar als Erzieher und nicht zuletzt als Geldbeschaffer.

Freilich beklagt er heute die zunehmende Einengung durch staatliche Vorschriften im Vergleich zu den Jahren nach dem Krieg, als der Pragmatismus zwangsläufig Triumphe feierte; tauschen möchte er allerdings letztlich

nicht mit den »Männern der ersten Stunde«. Der Rat eines jener wackeren Männer auf die Frage einer verzweifelten Flüchtlingsfrau, was sie denn machen solle, man habe ihr das ganze Holz gestohlen: »Na machet Se's halt genauso«, wäre denn auch in unserer Zeit nicht mehr vorstellbar. Lebenshilfe für die »einfachen Leute« mit ihren oft komplizierten Problemen ist aber auch heute noch eine wichtige Aufgabe des Bürgermeisters, vor allem in den kleineren Gemeinden, und so hat er ein Amt, das an Vielseitigkeit nicht leicht zu übertreffen ist.
Das Amt des Bürgermeisters in Süddeutschland und vor allem in Baden-Württemberg erweist sich nach all dem als ein Traumjob für tüchtige Leute, der aber durchaus auch Haare hat. Sachkundige Bewunderer des schwäbischen Schultes haben ihn als »gottähnlich« bezeichnet, wenngleich mit durchaus menschlichen Zügen. Im Rahmen des Irdischen ist er dies auch, und oft ist er nicht einmal seiner Frau unterstellt.

»So isch's, Herr Pfarrer«

Zu den traditionsreichsten Berufen in Württemberg gehört der des evangelischen Pfarrers. »Das Pfarrhaus« prägte über Jahrhunderte wesentlich die Kultur im Lande, dessen literarischer Reichtum sich nicht zuletzt aus dieser, dem Wort verpflichteten Wurzel, nährte. Der Weg ins Pfarrhaus führte dabei jahrhundertelang über das sogenannte »Landexamen« in eines der Evangelisch-theologischen Seminare und anschließend ins Evangelische Stift in Tübingen. Von den Seminaren existieren heute nur noch diejenigen in Maulbronn und Blaubeuren. Und auch deren Attraktivität hat im Gefolge der materialistischen Gesellschaft und geänderter Erziehungssitten erheblich nachgelassen; hätte man nicht seit einiger Zeit auch Mädchen gleichberechtigt aufgenommen, wäre das Ende der letzten dieser altehrwürdigen Einrichtungen wohl schon gekommen. Wo man früher aus einer großen Zahl von Anwärtern auf die begehrten 36 Freiplätze auswählen konnte, muß man neuerdings in manchen Jahren eben »von den 17 Bewerbern die 36 besten nehmen«.

Noch immer aber führt der Weg vieler angehender württembergischer Pfarrer über das ruhmreiche Stift in Tübingen. Ein junger Theologe ist dabei gut beraten, sich in dieser Zeit mit einem der »Stiftsköpfe mit Lockenwicklern« zu liieren, um die richtige Frau fürs Leben zu finden, mit der er sich dann nicht selten die Stelle und den Haushalt teilt.

Auch wenn ihm als Vikar schon ein paar Illusionen abhanden gekommen sind, tritt er doch noch mit hohen Idealen seine erste Stelle als Pfarrer in einer Gemeinde an, die oft weit »draußen im Lande« liegt und die er manchmal nicht einmal dem Namen nach kennt. Wenn er klug ist, wird er das Gemeindeleben sorgfältig und lange beobachten, wird sich mit den ortsüblichen Bräuchen vertraut machen und an ihnen festhalten. Von der Gemeinde wird er einen Vertrauensvorschuß bekommen, den er aber hart abarbeiten muß.

Überwindet er seine anfänglichen Frustrationen – ein evangelischer Pfarrer benötigt wohl die höchste Frustrationstoleranz von allen Berufen –, und beginnt er dann seine Gemeinde in ihrer Unzulänglichkeit anzunehmen, kann sich ein sehr gedeihliches Verhältnis für alle Beteiligten entwickeln; aber dazu braucht es Zeit.

Voller Eifer wird er seine Predigten vorbereiten, aber rasch merken, daß seine »Herde« auf theologische Finessen keinen Wert legt, sondern halt eine »schene Predigt« von ihm will, und vielleicht macht er sogar noch die gleiche Erfahrung wie einst Mörike, der bekanntlich feststellte:

»Sonnabend, wohl nach elfe spat,
im Garten stehlen sie mir den Salat.
In der Morgenkirche mit guter Ruh,
erwarten sie den Essig dazu;
der Predigt Schluß fein linde sei:
sie wollen gern auch Öl dabei.«

Den Salat stehlen die Bauern ihrem Pfarrer freilich nicht mehr; sie versorgen ihn vielmehr fleißig mit Naturalien, die er, auch wenn er sie einmal nicht braucht, in der gebotenen Dankbarkeit entgegenzunehmen hat.
Bei Beerdigungen legt die Gemeinde auf Subtilität wenig Wert, und der »Herr Pfarrer« sollte halt möglichst etwas Gutes über den Verstorbenen sagen, was nicht immer so ohne weiteres möglich ist. Versteigt ein »Öko-Pfarrer« sich gar dazu, die Problematik der Atomkraftwerke in Tauf- oder Hochzeitspredigten einzubeziehen, wie da und dort schon geschehen, kann er sich des nachhaltigen Grolls seiner Gemeinde gewiß sein. Auch bei den Liedern im Gottesdienst ist so eine Landgemeinde sehr konservativ und liebt »keine Experimente«, das heißt, sie hört und singt am liebsten immer wieder die gleichen.
Ein guter Pfarrer wird versuchen, die Zahl der Gottesdienstbesucher zu erhöhen und sich nicht damit abfinden, daß manche Familien ganz fehlen, oder nur die Frau oder ein Kind als »Delegierten« am Sonntag in die Kirche schicken. Enttäuscht ist der junge Pfarrer oft über die geringe Teilnahme am Abendmahl, und er nimmt betrübt die Begründung eines »Schäfleins« zur Kenntnis: »Wenn i meh als einmal im Jahr gang, denket d' Leut bloß, was hat au der a'gstellt.«

Traurig ist der Pfarrer auch, wenn seine Konfirmanden nach der Konfirmation dem Gottesdienst fernbleiben. Doch sind die Buben und Mädchen der Meinung, sich diese Freiheit erkauft zu haben, indem sie – getreu der Anleitung durch die Älteren: »Des hen mir durchg'halte, des haltet Ihr au durch« – ein Jahr lang regelmäßig, wenn auch mehr oder weniger widerwillig, zur Kirche gegangen waren. Die Buben finden nichts dabei, am Sonntagmorgen, locker das »Adidastäschle« schwenkend, am Pfarrer vorbei zum Bus zu gehen, um mit dem Verein zum Auswärtsspiel zu fahren. Denn der Verein – wie könnte es heut' auch anders sein – geht immer vor.

Dennoch ist die Jugendarbeit für den Pfarrer ein emotionaler Ausgleich für so manche Entbehrungen. In der Kinderkirche ist die Welt noch in Ordnung. Ärgern muß er sich allerdings nicht selten über ergraute Gemeindemitglieder, die für moderne Formen der Jugendarbeit oft wenig Sinn haben, nach dem Motto: »Des hot's bei uns au net gebe, des brauchet die au net.«

Wenig Freude macht den meisten Pfarrern das Unterrichten in der Schule, wofür sie ja auch nicht ausgebildet sind. So findet man den Pfarrer im Schulgebäude meist in dem Raum, aus dem der meiste Lärm herausschallt. Das »Unterricht-Halten« durch den Pfarrer hat zwar Tradition, aber man sollte es doch besser den Pädagogen überlassen, an denen es ja nicht mangelt. Kein Quell der Freude für den Theologen ist auch die wuchernde Bürokratie in der Kirche. Zwar kommt der Pfarrer in der Regel noch ohne Personalcomputer aus, doch ist ihm die Führung von Pfarrkalender, Kirchenbüchern, Fahrtenbuch, die Erstellung von Haushaltsplänen und die Führung der Kir-

GREENPEACE
MICHAEL
Jackson

chengemeindeakten und der Kasse oft eine große Last. Außerdem gerät er in die Gefahr, von einem »Seelsorger« zu einem »Seelenbeamten« zu werden. Man könnte sich daher gut vorstellen, daß ein Mörike beim heutigen Pfarrerstreß schon mit 29 und nicht erst mit 39 in den Ruhestand gegangen wäre.

Freilich ist auch der moderne Theologe bei seinen Hausbesuchen bei den Alten und Kranken auf dem klassischen Gebiet der Seelsorge noch immer sehr gefordert, was von ihm viel Einfühlungsvermögen verlangt. Besonders erschreckend für ihn ist manchmal die Unbarmherzigkeit von Familien im Umgang mit alten und kranken Angehörigen. Selbst die Besuche bei den Altersjubilaren sind nicht immer frei von unangenehmen Überraschungen. Wohlwollend registriert der Pfarrer die frisch abgestaubte Bibel sowie das Öffnen der Fenster und Ausdrükken der Zigaretten bei seiner Ankunft, und gern kostet er auch Kuchen und Wein, die ihm gereicht werden. Spricht er danach ein Gebet, dann darf er jedoch nicht aus der Fassung kommen, wenn ihm der Jubilar etwa schlicht entgegnet: »Des wär aber net netig g'wese.«

Aber auch viel Kummer erfährt der Pfarrer bei diesen Visiten. Zwar ist er von Amts wegen für alles Leid in der Gemeinde zuständig, aber seine irdische Macht ist doch recht begrenzt, weshalb er an all den Sucht- und Eheproblemen im Dorf manchmal fast verzweifelt.

Einen Feierabend gönnt man dem Pfarrer heute nicht mehr, und das alte kindliche Berufsideal »werktags Pfarrer und sonntags Beck« gilt allenfalls noch für den Bäkker. Die Getreuesten der Getreuen erwarten ihn im Bibelkreis, und man verlangt auch, daß er an allen Veranstaltungen in der Gemeinde teilnimmt und repräsentiert. Entgegenkommenderweise sehen es ihm die Vereine gern nach, wenn er sich nach dem offiziellen Teil verabschiedet.

Eine gewisse Zurückhaltung erwartet man von ihm auch in der Politik. Hierzu sollte er sich möglichst nicht äußern und sich insbesondere aus den politischen Ränken heraushalten. So ist er gut beraten, z. B. nicht zu versuchen, mit seinen Predigten das Ozonloch stopfen zu wollen, auch wenn sein eigenes ökologisches Engagement das seiner Gemeinde weit übertrifft. Man ist auf dem Lande eben immer noch der Meinung, daß nicht nur der Schuster, sondern auch der Pfarrer bei seinen Leisten bleiben solle.

Liegt weder Bibelkreis noch ein Vereinsfest an, wartet sicher eine Kirchengemeinderatssitzung auf ihn. Ein Kirchengemeinderat betrachtet es zu Recht als Ehre, Kirchengemeinderat geworden zu sein. Mancher läßt es aber gern bei dieser Betrachtung bewenden, und so ist die Unterstützung des Pfarrers durch dieses Gremium sehr unterschiedlich und oft nicht allzu groß. Aber schließlich kann der Pfarrer im Zweifel den Karren auch alleine ziehen.

Eine wirksamere Unterstützung hat er da schon durch seine Familie, auch wenn die »Frau Pfarrer« nicht selbst Pfarrerin ist und einen bürgerlichen Beruf oder, noch besser, gar keinen Beruf hat und ums »Vergelt 's Gott« voll mitarbeiten kann. Vom Pfarrer als »Bodenpersonal Gottes« verlangt man zwar, daß er ein Leben wie ein Heiliger führt, daneben aber auch als Familienvater und Mensch vorbildlich ist. Selbstverständlich müssen seine

Frau und seine Kinder in dieses Bild passen – und wehe es »menschelt« in der Pfarrfamilie. Dennoch zeigt der Spruch »Pfarrers Kinder und Müllers Vieh gedeihen selten oder nie«, daß Theorie und Praxis hier seit jeher gern auseinanderklaffen. – So kann ein Pfarrer unter den moralischen Ansprüchen und der deutlich spürbaren Aufsicht sowohl durch den Oberkirchenrat von oben als auch von der Gemeinde von unten leicht zerrieben werden, wenn er keine gefestigte Persönlichkeit ist.

Mit der Ökumene gibt es an der Basis keine Probleme, aber eben auch nur an der Basis, und es ist im Vergleich zu früheren Zeiten schon ein kleiner Fortschritt, daß heute ein evangelischer Pfarrer eine katholische Putzfrau beschäftigen darf, ohne daß es einen Aufruhr im Dorf gibt.

»Ja, so isch's, Herr Pfarrer«, wird der Kenner der Szene seufzen und Mitgefühl mit den Vertretern dieses wohl schwierigsten Berufes in der modernen Gesellschaft empfinden.

Aber gleichwohl ist das Pfarramt ein reizvolles Amt, und der Pfarrer, der seine Gemeinde liebt, wird auch von ihr geliebt werden. Freilich wird ihm der Oberkirchenrat nach zehn oder zwölf Jahren nahelegen, seine Gemeinde zu verlassen und an einem anderen Ort neu zu beginnen. Wieder wird er genau beobachten und möglichst nichts ändern, und wahrscheinlich ist dies auch das Beste für alle Beteiligten. Vielleicht ist es aber gerade die Wurzel allen Übels in der Welt, daß es vordergründig immer das Beste ist, wenn man alles so läßt wie es ist.

Der MdL

Wer will einen Kuchen backen, braucht bekanntlich sieben Sachen. Um einen guten Landespolitiker zu machen, braucht's dagegen nur sechs Eigenschaften. Er muß eine zähe Kuttel haben, von unerschütterlichem Selbstbewußtsein sein, über ausreichend Intelligenz verfügen, um Freund und Feind stets auseinanderhalten zu können, eine strapazierfähige Familie besitzen und im öffentlichen Dienst, das heißt vorzugsweise Lehrer sein. Auf dem Lande sollte er darüber hinaus einen konservativen und in den Städten einen liberalen Touch haben. Im übrigen ist ein Landtagskanditat hierzulande gut beraten, sich der größten Partei anzuschließen und nicht die politische Masochistenlaufbahn einzuschlagen, indem er sich der Opposition verschreibt. Denn solange die Einkommens- und Vermögensstrukturen im Ländle bleiben wie sie sind, werden die bürgerlichen Kräfte hier das Sagen haben, und wer im Lande mitmischen und nicht nur ab und zu als Kassandra in Erscheinung treten will, tut gut daran, sich zu den Pro-Lothariern zu gesellen. Schon bei der Parteijugend krümmt sich daher, was später ein Häkchen werden will und startet all die politischen Aktionen und Aktiönchen, die der spätere Abgeordnete bei seinem politischen Nachwuchs später gern toleriert, wenn sie in die große Linie passen und seine Kreise nicht stören. So ist der künftige Politprofi zunächst ein unermüdlicher Aktivist, wie ihn der Demokratiebetrieb in unserem Lande überall kennt. Er verkämpft sich hier für ein Biotop, protestiert dort gegen den Fluglärm, und selbst am allseits ungeliebten 17. Juni macht er noch mit Handzetteln auf die deutsche Teilung aufmerksam. In den Wahlkämpfen legt er sich schwer ins Zeug, und bald gilt er der Partei in seinem Wahlkreis als der kommende Mann. Mißtrauisch beäugt er seinen Landtagsabgeordneten, ob er etwa nach dem 60. Geburtstag noch einmal kandidieren will, oder, wie es sich gehört, beizeit, das heißt, wenn nicht mehr nur er selbst sich noch für unentbehrlich hält, zurückzieht. Schließlich wird es jeder MdL einmal müde, die Regierung beim Volk und das Volk bei der Regierung zu vertreten. Aber das ständige Mitwirken bei allen möglichen Entscheidungen im Wahlkreis und die meist ineffektive, aber in den Regionen hochangesehene Statisteriefunktion im Landtag stellt eine Art rezeptfreier Droge dar, die freilich oft zu schlimmer Abhängigkeit führt. Entzugserscheinungen sollen daher bei vielen Politikern am Heiligen Abend auftreten, wenn sie partout keine Termine machen und sich zwangsläufig nur mit ihrer Familie befassen können.

Einmal kommt aber in jedem Wahlkreis die Stunde, in welcher der alte Mandatsinhaber nicht mehr kandidiert und dem Nachwuchsmann eine Chance gibt. Freilich war er dem alten schon lange keine Stütze mehr, sondern ein kaum getarnter Säger an seinem Stuhl. Auch wenn sich der Wechsel im Mandat bei uns in der Regel unblutig und in aller Form vollzieht, kann der »Insider« doch feststellen, daß die Steigerung des Wortes »Feind« über »Todfeind« zum »Parteifreund« zumindest im bürgerlichen Lager häufig zutrifft und keinesfalls die Erfindung eines bösartigen Satirikers ist. Inzwischen hatte sich der Parlamentskandidat schon tief in die Startlöcher eingegraben und häufig schon in der Kommunalpolitik reüssiert. Dabei spannte er seine Fäden zu allen einflußreichen Persönlichkeiten, was da in der Praxis heißt, daß er alle kommunalen und Vereinswürdenträger und alle Geldleute in seinem Bezirk kennt.

Dann kommt er endlich in den Landtag, wird mit demokratischem Öl gesalbt, und mancher, der ihn früher für einen rechten Dackel hielt, respektiert ihn plötzlich als Vertreter des Volkes und Mann, den man vielleicht noch einmal brauchen könnte. Sofort erweitert der frischgebackene Parlamentarier seinen Wortschatz, geht überall »vor Ort«, spricht von »technologischer Akzeptanz« und verwendet sogar so schwierige Ausdrücke wie »semantisch« meist zutreffend. Im Landtag steckt man ihn zuerst in den Petitionsausschuß, gewissermaßen als Bußübung für die vielen Petitionen, die er selbst schon angezettelt hat und noch anzetteln wird. In Fraktion und Ausschüssen völlig untergebuttert und auf die Meinung des Fraktionsvorsitzenden vergattert, lernt er schnell die Grenzen seines Einflusses in Stuttgart kennen. Andererseits schätzt er bald die Plenarsitzungen für Besprechungen in wichtigen Wahlkreissachen und genießt die Möglichkeit, im Plenum in Ruhe Zeitung zu lesen. Das intellektuelle Bescheidenheitsprinzip, das die Debatten der großen Fraktionen kennzeichnet, ist ja auch nicht geeignet, die Lektüre zu stören, denn was sein Fraktionsvorsitzender sagt, weiß er ohnehin schon, und das Lamento der Opposition interessiert ihn schon gar nicht. Rednerischer Glanz ist denn auch etwas sehr Seltenes und seit den Tagen von Kiesinger und Eierköpfen wie Dahrendorf und Eppler ganz rar geworden unter den Rundköpfen im Stuttgarter Landtag. Rhetorische Künste sind ja auch etwas völlig Unschwäbisches und passen nicht in den Landtag und schon gar nicht in den ländlichen Wahlkreis, wo derartige Fertigkeiten dem Abgeordneten womöglich als unseriös angelastet würden. Das Heruntergacksen von Sprechzetteln im Hohen Haus kann man daher auch positiv so sehen, daß dieses Parlament eben kein Forum für Intellektuelle wie weiland die Paulskirche ist, die daran schwer genug zu schaffen hatte, sondern eine Vertretung für ein bodenständiges Volk, das nach der Devise lebt »Net schwätze, schaffe!«

Im Austausch langweilig vorgetragener, sattsam bekannter Meinungen wird so das Parlamentsleben in Stuttgart und anderswo zu einem sinnarmen Mechanismus, woran sich aber alle Welt schon so gewöhnt hat, daß außer manchen Schülern auf der Landtagstribüne niemand mehr daran Anstoß nimmt. Auch so ein junger MdL hat sich das eigentlich anders vorgestellt, aber bald nimmt er resignierend zur Kenntnis, daß die Mehrheitsfraktion im Landtag vor allem das Vollstreckungsorgan der Regierung ist. In der modernen, real existierenden Demokratie ist das Parlament halt nicht das Kontrollorgan, sondern die Hilfstruppe der Regierung. So ist der »local hero« seiner Region in Stuttgart gar bald kräftig frustriert, wozu neben der parlamentarischen Wirklichkeit auch die selbstbewußte Ministerialbürokratie in ihrer spezifischen Mischung aus Devotheit und Arroganz nicht wenig beiträgt, indem sie seine Initiativen immer wieder versanden läßt.

Für einen Farbtupfer in der Tristesse des Landesparlaments sorgen immerhin gelegentlich Vertreter der »GRÜNEN«, welche die Bescheidenheit mehr in der Garderobe stilisieren und neben manchen absurden Ideen ab und zu noch interessante Gedanken ventilieren, die freilich in Anbetracht der konkreten Machtverhältnisse nur die Wirkung von Glühwürmchen haben.

Nach »getaner Arbeit im Landtag«, die freilich oft eher nur ein qualifiziertes Herumsitzen war, fährt der fleißige schwäbische MdL in seinem Opel heim, um in einer Ecke seines Wahlkreises noch eine politische Versammlung abzuhalten. Seine Frau drängt ihn zwar schon lange, einen Daimler anzuschaffen, er meint aber, nicht ganz zu Unrecht, daß seine Wähler einen Mercedes zwar bei einem Metzger oder großen Landwirt akzeptieren, aber nicht bei einem Politiker, der ja nicht mehr von Gottes, sondern von Volkes Gnaden eingesetzt ist.

Im Versammlungslokal erwarten ihn dann der Wirt, die Bedienung und der Ortsvorsitzende, und er hört sich, wie in anderen Flecken auch, zum wiederholten Male an, die Hiesigen seien halt ein besonderes Völkle und kämen erst auf 20.30 Uhr. Aber im Fernsehen läuft »Derrick« und außer einem querulatorischen bejahrten Heimatvertriebenen kommt auch bis 20.30 Uhr niemand, weshalb man beschließt, mit dem Stammtisch zu fusionieren. Dort harrt der tapfere Volksvertreter noch bis 11 Uhr aus, bezieht Prügel für die Bundesregierung, singt das Loblied auf die Landesregierung und verabschiedet sich dann von allen Anwesenden mit Handschlag, der eine Art mystischer Vereinigung bewirken soll. Um Mitternacht ist der arme Abgeordnete endlich daheim und findet seine Frau schon halb eingeschlafen vor. Sie hat gerade noch Kraft genug, ihm mitzuteilen, daß die Frau X angerufen habe, ihrem Mann habe man den Führerschein abgenommen, ob man dagegen nichts machen könne. Außerdem habe der Filius eine Fünf in Latein, und in der Garage habe es schon wieder durchs Dach geregnet. So ist's halt, denkt sich der arme Parlamentarier; den ganzen Tag verkämpft man sich für Volk und Staat, und zu Hause bieten sie einem zum Dank dann solche Nachrichten. Um seinen Seelenfrieden wieder herzustellen, liest er im Bett noch die staatstreue Heimatzeitung und registriert genüßlich, daß sein Auftritt beim Jubiläum des »Sängerkranzes« in Wort und Bild sehr gut herauskam. Kurz vor 1 Uhr findet der geplagte Mandatsträger dann endlich seine verdiente Ruhe und träumt davon, wie er im feierlichen Zeremoniell zum König seines Wahlkreises eingesetzt wird.

Am nächsten Morgen liest er schon beim Frühstück die Zeitung, und zwar nach der bei allen Politikern bewährten Methode der selektiven Wahrnehmung, die es ihm schon vor der Bonner Wende ermöglichte, selbst Magazinsendungen in elektronischen Medien zu überleben, das heißt, er nimmt nur wahr, was ihn in seiner Meinung bestätigt, und verdrängt alles übrige.

Dann macht er sich, von weitem alles grüßend, was nach

Wähler aussieht, auf den Weg zu einer Bürgersprechstunde. Dort strecken ihm die Opfer der Bürokratie im Glauben an die Allmacht der Politiker und in der unausrottbaren deutschen Höherschätzung der Protektion über den Rechtsstaat ihre negativen Bescheide entgegen. Geduldig hört er sich seine Stammkunden an, die längst abgeschlossene Prozesse aus den sechziger Jahren wieder aufrollen wollen, setzt alles halbwegs Vertretbare in Eingaben an seine Freunde in Stuttgart um und tröstet ganz aussichtslose Petenten mit der Formel, die alle Schwächen der Gesellschaft heilen muß und da lautet: »Des isch halt so.«

Danach besucht er noch einen potentiellen Spender und bastelt dann zu Hause, unterbrochen von vielen Anrufern, die alles Mögliche wollen, aber nichts, das über ihren krassen Eigennutz hinausginge, an einer Pressemitteilung. Als nächstes begibt er sich zu einer Kreisbauernversammlung, wo ihn der geballte Undank der lange verhätschelten und jetzt frustrierten Landwirte erwartet. Auch am Wochenende kehrt keineswegs Ruhe bei ihm ein, vielmehr setzt dann vor allem im Sommer der »Feschtlesbetrieb« ein, bei dem der demokratische Brauch von ihm fordert, ein Dutzend Feschtle und mehr zu besuchen und mit jedermann in Kontakt, mit niemand aber richtig verbunden zu sein. Nach dem Grundsatz »Geteiltes Leid ist halbes Leid«, schleppt er zu diesen »Hocketsen«, Waldfesten und Vereinsjubiläen oft auch noch seine Frau und die unschuldigen Kinder mit und ärgert sich nur, wenn er bei diesen Einsätzen auch noch von Betrunkenen angepöbelt wird.

»Als MdL ist man schon ein armer Hund, und jeder Hanswurst glaubt, einen ungestraft anpinkeln zu dürfen«, denkt er dann resigniert, und so fühlt er sich oft als gestreßtes armes Schwein. Aber genau das will er im Grunde sein und wäre furchtbar traurig, wenn er das nächste Mal nicht wieder aufgestellt würde.

Der Korntaler Pietist

Wenn man einem alten Stuttgarter die liberale Oberfläche abkratzt, kommt häufig ein Pietist zum Vorschein, und betrachtet man diesen genauer, dann stammt er nicht selten aus Korntal. Die dortige Brüdergemeinde, entstanden zu Beginn des 19. Jahrhunderts als Reaktion auf die Orthodoxie und nach den Vorstellungen von Johann Michael Hahn eine wahre »Jesusgemeinde« anstrebend, ist noch heute eine Hochburg des Pietismus im Lande. Zwar bildet die Gemeinde keine »Republica pietistica« wie noch im Königreich Württemberg, doch der Korntaler Dreiklang aus Naherwartung des Herrn, Wirtschaftsreform und Mission ist noch immer vernehmbar.

Freilich legen die verbliebenen Korntaler Bauern beim Pflügen nicht mehr den Kittel am Ostende des Ackers nieder, um bei der Wiederkunft Jesu nicht erst nach Westen zurückeilen zu müssen. Auch die Jerusalemkutsche steht nicht mehr bereit, um die Alten und Schwachen auf die Fahrt Jesum entgegen mitzunehmen. Die Kinder dürfen ein Stofftier mit ins Bett nehmen und müssen nicht mehr die rechte Hand unter das Deckbett stecken, während sie die Linke auf die Stirn legen, damit der Antichrist nicht während der Nacht sein Malzeichen darauf drücke. Aber auch heute sind viele Korntaler – und so manche Christen außerhalb Korntals – noch oder schon wieder einmal in Erwartung der Endzeit; man muß ja auch nicht unbedingt Pietist sein, um den Eindruck zu gewinnen, daß in den letzten Jahren bereits einige Schalen des Zorns aus der Offenbarung des Johannes über die Menschheit ausgegossen wurden.

Die Gründer Korntals wären aber keine rechten Schwaben gewesen, wenn sie die Naherwartung Christi in ihrem Arbeitseifer gelähmt hätte. Vielmehr veranlaßte sie diese Erwartungshaltung zum Experiment eines urchristlichen Kommunismus auf Gemeindegrundlage. Aus dieser Zeit ragt im »heiligen« Korntal die »Güterkaufgesellschaft« als eine Art mächtiger Immobilienfonds in unsere Tage herüber und behindert den Grundstücksverkehr in der Gemeinde nicht wenig. Gab es doch für die Brüdergemeinde kein Privateigentum an Grund und Boden, mit Ausnahme der Weinberge (!), und damit auch keine Bodenspekulation – und dies vor den Toren Stuttgarts!

Im Gegensatz zur »Güterkaufgesellschaft« gibt es die früher praktizierte planwirtschaftliche Regulierung des gesamten Gewerbes heute nicht mehr, und für private Kredite bedarf es auch in Korntal keines Gemeinderatsbeschlusses mehr.

Wie sehr wirtschaftliches Denken im Pietismus des 19. Jahrhunderts eine Symbiose mit der Religion einging, sei am Beispiel des Prälaten Sixt Carl Kapff gezeigt, der, bevor er Prälat wurde, in Korntal wirkte. Aus seiner Feder

stammt eine Schrift mit dem vielsagenden Titel »Der glückliche Fabrikarbeiter, seine Würde und Bürde, Rechte und Pflichten, Sonntag und Werktag, Glaube, Hoffnung und Gebet«. Darin nennt Kapff als die rechten Tugenden: »Gemeingeist, Unterordnung und Gehorsam, Fleiß, Pünktlichkeit, Ordnung und Reinlichkeit; Laß nichts verderben; Sei im geringsten treu und ehrlich, Wiedererstattung von unrechtem Gut. Pflicht der Keuschheit, Mäßigkeit, Sparsamkeit, Pflichten gegen Gott.« Kein Wunder, daß den Stuttgarter Personalchefs die Korntaler – möglichst aus einer noch rigideren, von der Brüdergemeinde abgespaltenen Gruppierung – die liebsten Arbeitnehmer sind. Sie schaffen viel und pünktlich, schwätzen nicht, halten sich von der Gewerkschaft fern und kultivieren ihre überlieferten Tugenden, die freilich heute manchem progressiven Politiker nur noch als »Sekundärtugenden« gelten. – Wundern wird sich auch niemand mehr über die (Bau-)sparsucht der Württemberger angesichts des von Prälat Kapff mit »freudiger Rührung« gezeichneten Bildes »einer glücklichen Arbeiterfamilie, die ihr Glück nächst Gott der Sparkasse zu verdanken hat«.

Der dritte Ton im Korntaler Akkord war die Mission, die von einem umfassenden Missionsverständnis ausging, das alle Menschen auf der Welt als Kinder Gottes betrachtete und als Miterlöste lieben wollte. Kaum eine Gemeinde in Süddeutschland hat denn auch so viele Missionare hervorgebracht wie Korntal, und der Einfluß Korntals, insbesondere auf die Basler Mission, war groß. Von Korntal beeinflußt wurden zudem viele führende Theologen, für die es eine Art religiöser Kaderschmiede war.

Der Korntaler Pietist war und ist kein Freund des Pluralismus in Kirche und Gesellschaft, und er käme ohne das Stuttgarter Theater und Ballett noch heute gut zurecht. Streng an der Schrift orientiert, wird er von den modernen theologischen Versuchungen nicht geplagt und ist im Glauben ungebrochen. Noch heute bestehen von Korntal aus viele Verbindungen zu anderen pietistisch ausgerichteten Missionsgesellschaften, und noch immer wird aus der Brüdergemeinde heraus in der Dritten Welt missioniert.
So ist Korntal, auch wenn nur noch etwa 10 Prozent seiner Einwohner der Brüdergemeinde zuzurechnen sind, nach wie vor ein »Biotop«, auf dem pietistisches Denken und Handeln gedeihen wie nicht zuletzt die vorbildlichen diakonischen Einrichtungen dort und in der Filialgemeinde Wilhelmsdorf zeigen. Gerade die Diakonie macht deutlich, daß die Pietisten in Korntal und anderswo, oft belächelt und oft geschmäht, nach wie vor das Salz in der württembergischen Suppe sind.
Insgesamt läßt sich sagen, daß der schwäbische Volkscharakter in seiner spezifischen altwürttembergischen Ausprägung ohne den Pietismus nicht vorstellbar wäre. Eine moderne, umfassende Kultur- und Sozialgeschichte des Pietismus wäre daher für die Wissenschaft eine lohnende Aufgabe, zumal die Wirkungsgeschichte des Pietismus in Württemberg noch keineswegs abgeschlossen ist, was sich nicht nur an Korntal belegen läßt.
Es ist zum Beispiel kein Zufall, daß das »Sündengeld« der Lotto- und Totospieler im Gegensatz zu allen anderen Bundesländern in Baden-Württemberg nur für hochrangige Zwecke wie Kunst, Sport und Denkmalpflege einge-

setzt werden darf, um es gewissermaßen »reinzuwaschen«. Wer wollte da noch sagen, es sei reiner Zufall, daß die Spielbanken Baden-Württembergs nur im Badischen zu finden sind? Auch viele andere Besonderheiten des schwäbischen »way of life« lassen sich nur über das Fortwirken des pietistischen Gedankenguts erklären. Auch, daß Korntal keine Disko hat – und damit leben kann.

Die Häuslebauer

»Kennst Du das Land, ...
wo jeder auf sein Häusle spart,
hat er auch nichts zu kauen;
und wenn er 40, 50 ist,
dann fängt er an zu bauen!
Doch wenn er endlich fertig ist,
schnappt ihm das A . . . loch zu!
O Schwabenland, gelobtes Land,
wie wunderbar bist Du.«

So heißt es im »Lied der Schwaben«, das auf Karten, Tüchern und Tellern an fast jedem Andenkenstand im Lande, vor allem im Badischen, zu erwerben ist. Zwar sind die Verse übertreibend und grob, doch wichtige Aspekte des schwäbischen Volkscharakters werden darin richtig erfaßt. Der Wille zum eigenen Heim, dem man vielleicht als Streben nach verdinglichter Freiheit am besten gerecht wird, kennzeichnet unter allen deutschen Stämmen insbesondere den Schwaben. Es ist daher kein Wunder, daß in Württemberg die erste Bausparkasse entstand und die Branchenriesen noch heute hier zu Hause sind. Da ist es konsequent, daß die Württemberger mit deutlichem Abstand vor den schon etwas leichtlebigeren Badenern und weit vor dem Durchschnitt der in dieser Beziehung geradezu lotterhaften übrigen Bundesdeutschen die höchsten Vertragssummen und die größten Bausparguthaben haben. Während der Drang zum Haus im Ballungsraum rasch an den Grundstückspreisen scheitert, ist er auf dem Lande noch ungebrochen, und jeder zweite wohnt dort »im Eigenen«. Da paßt es ins Bild, daß es zwar in Großstädten toleriert wird, wenn selbst honorige Persönlichkeiten wie etwa Finanzamtsvorsteher in Sozialwohnungen leben, auf dem Lande hingegen erwartet wird, daß man spätestens vom Oberinspektor aufwärts ein eigenes Häusle hat. Wenn so ein kleiner Beamter, Arbeiter oder Angestellter bauen will, müssen freilich ein paar günstige Umstände zusammenkommen. Vorteilhaft ist es, wenn von den Eltern her noch ein Äckerle vorhanden ist, das in einem Bebauungsplan liegt, oder wenn man wenigstens einen Vetter im Gemeinderat hat, der das Wiesle Bauerwartungsland in Bauland umwandeln hilft. Unerläßlich für künftige Bauherren ist aber auch eine stabile physische und vor allem psychische Gesundheit sowie ein hoher Grad von Entsagungsbereitschaft beim Bauherren und seiner Ehefrau. Die Wahl des Ehepartners ist immer ein höchst riskantes Unternehmen, zumal man bei uns, im Gegensatz etwa zu den USA, noch immer davon ausgeht, daß die Ehe lebenslänglich währen soll. Für eine Frau, die einen schmal verdienenden Bauherren heiratet, ist dies freilich ein Entschluß, der dem Vorsatz, den Schleier zu nehmen und in ein Kloster einzutreten, gleichgestellt werden muß. In beiden Fällen bedeutet er nämlich, zumindest auf absehbare Zeit, den Verzicht auf die meisten weltlichen Freuden. So sind baulustige Verlobte gut beraten, nicht nur auf »amorem«, sondern auch auf »morem« und vor allem auf »rem« zu achten. Das heißt, nicht nur die Liebe, sondern auch die »Sitten« und das »Sach«, das heißt das Vermögen im Auge zu behalten, wie es das in Süddeutschland verbreitete »Handbuch des adelichen Land- und Feldlebens« schon 1715 für den Adel

empfahl, was im Zuge der Demokratisierung aber auch bürgerlichen Paaren nicht nachdrücklich genug eingeschärft werden kann, heißt es doch auch im Volksmund, man könne zwar nichts für einen armen Vater, aber für einen armen Schwiegervater!

Wenn also zur Liebe die nötige asketische Gesinnung kommt, ein Bauplätzle vorhanden ist oder wenigstens etwas »auf dem Büchle«, kann sich so ein Normalverdiener der Lebensaufgabe Hausbau oft leichter stellen als ein gutsituiertes Paar aus städtischem Milieu. Für so ein Paar ist der Bau des Bungalows oft der letzte Kraftakt vor der Scheidung, die dadurch für alle Beteiligten, und vor allem die Anwälte, erst richtig interessant und lohnend wird.

Von großer Bedeutung ist es für die Bauwilligen natürlich, ob ihnen die Gnade der späten Geburt zuteil geworden war und sie erst in den siebziger oder achtziger Jahren zum Bauen kamen, oder ob sie der Fluch der frühen Geburt traf und sie schon in den fünfziger oder sechziger Jahren bauen mußten. Damals ließ die drangvolle Enge vielen Schwaben und auch so manchem Reingeschmeckten gar keine andere Wahl, als in einer Siedlung ein Häuschen hochzuziehen. Zwar lagen die Preise zu dieser Zeit viel niedriger, aber entsprechend auch die Einkommen, und die Familienvermögen waren allgemein kleiner. Das Brot dieser frühen Jahre war für die damaligen Bauherren zwar nicht ganz trocken, aber Margarine war die Butter der Häuslebauer, Schwarzwurzel der Spargel, und Most ersetzte das teure Bier und den Wein zum Vesper, das für Jahre oft nur aus Schwarzwurst bestand. Und so ist es noch heute bei so manchem ländlichen Bauherren, und damals wie heute wird der Urlaub nicht zur eigenen, son-

dern zur Erholung des Geldbeutels benutzt und »feste g'schafft«. Von den modischen Trends der siebziger und achtziger Jahre, in denen nach dem Motto »Des hot mer heut« gar mancher Luxus in die Eigenheime einzog, war man damals noch frei, und Schlichtheit und Zweckmäßigkeit war Trumpf, wobei unter dem Diktat der knappen Kassen aber auch manches unterblieb, worüber der Bauherr sich dann lebenslänglich ärgerte.
Wenn auch bei einem rechten sparsamen Häuslebauer fast alle Sinne absterben, so werden doch die Fähigkeit zum Rechnen und der Familiensinn sehr intensiviert. Auf den Pfennig genau nutzt er die staatliche Sparförderung aus, läßt den Opa seine KB-Rente kapitalisieren, und selbst der Schwiegermutter gönnt er, 100 Jahre alt zu werden, um der Teilhabe an ihrer Versorgung nicht verlustig zu gehen. So wird ihm seine Familie zu einer Hausbank, die ihm zwar keine Zinsen, aber, weit brutaler, ewiges Wohlverhalten abverlangt. Nur ein Ziel kennt so eine Familie: das Haus, das eigene Haus, und vor den finanziellen Nöten treten eheliche und sonstige familiäre Probleme zurück, so daß die Not manchmal auch Vorteile bringt. Schließlich wird dann noch in den halbfertigen Bau eingezogen, um Miete zu sparen, und endlich ist man unter dem eigenen Dach, hat es geschafft und ist »Eigentümer« und »Hausbesitzer«. Auch manchem »Flüchtling« gelang es so, durch Hausbau »ebber« zu werden.
Auch wenn manchem der Häuslebau in den siebziger und achtziger Jahren trotz der hohen Preise leichter fiel, ist der Hausbau noch immer ein Abenteuer, und die »schwäbische Krankheit« führt noch zu den gleichen Beschwerden.

Zwar kennt man die organisierte Selbsthilfe in den Bauvereinen der fünfziger und sechziger Jahre, die manchmal die Freizeit eines Bauherren für ein volles Jahrzehnt in Anspruch nahm, nicht mehr, doch noch heute entsteht so manches Haus im ländlichen Raum mit den Kameraden vom Sportverein oder der Feuerwehr in Selbst- und Nachbarschaftshilfe, um das böse Wort »Schwarzarbeit« zu vermeiden, ohne die es in der Praxis halt doch nicht geht. Wenn Skeptiker fragen, was denn die Arbeitnehmer bei fortschreitender Arbeitszeitverkürzung anfangen werden, zumal man sinnvoll mehr als ein Fernsehprogramm gleichzeitig kaum sehen kann, sei gesagt, daß man auf dem schwäbischen Dorf auch mit einer 20-Stunden-Woche, natürlich möglichst bei vollem Lohnausgleich, sehr gut zurecht käme. Hier hat jeder ein »Geschäft«: Man baut, erweitert oder baut um oder richtet wenigstens ein Mäuerle oder einen Zaun. All diese Häuslebauer haben dabei das eherne Gesetz der Bauherren kennengelernt, das man auch als betriebswirtschaftliches Grundgesetz des kleinen Mannes bezeichnen könnte und das da lautet: Ausgaben haben die Tendenz, höher auszufallen und früher fällig zu werden als geplant. – Einnahmen kommen niedriger und später herein als erwartet.
So baut der schwäbische Landmann noch heute unter großen Entbehrungen, die anderswo als unzumutbar angesehen würden, und sogar mancher Stadtbewohner ist noch so tollkühn, zu versuchen, im Ballungsraum zu bauen und Schulden zu machen, die seinen Vater zum Strick hätten greifen lassen. Bei solchen Nöten wundert es nicht, daß man selbst in Dienstzimmern höherer Stuttgarter Ministerialbeamter neben einem kleinen Foto der

Familie auf dem Schreibtisch ein sündhaft teures großes Luftbild des eigenen Hauses an der Wand entdecken kann; schließlich will man ja wissen, wofür man ein Leben lang geschafft hat. So heißt die Lebensdevise eben immer noch für viele Landeskinder: »Schaffe, schaffe, spare, Häusle baue, verrecke«, wie es das »Lied der Schwaben« verkündet. Bevor ein rechter Schwabe aber »nunterschnappt«, möchte er wenigstens noch die berüchtigte Abteilung III im Grundbuch, in der die Hypotheken und Grundschulden verzeichnet sind, wieder »sauber« haben, und wenn er damit fertig ist und seine Kinder keine Hilfe mehr brauchen, was im Zweifel erst der Fall ist, wenn sie ihren eigenen Bau finanziert haben, dann wird das Leben der Häuslebauer schal und leer, und verbürgt ist der resignierte Ausspruch einer solchen Hausbesitzerin, die angesichts eines schuldenfreien Hauses und der satten Pension ihres Mannes seufzte: »Seit mer nemme spare muß, isch's gar nemme schee!«

Der Stuttgarter Hausbesitzer

Selbstgespräch eines Stuttgarter Hausbesitzers, aus dem Fenster blickend.

Wenn i so uf mei Stuegert naguck, s'isch halt scho a scheene Stadt. Do stemmt no älles. 's wird halt au no gschafft bei uns. Wie hen mers in der Schul glernt: »Arbeit ist des Bürgers Zierde, Segen ist der Mühe Preis.« So a Gedicht wie die »Glocke« kriegt heut au keiner meh no. Mer sollt überhaupt im Sommer amol wieder nach Marbach, mer kommt ja schier gar nemme naus. Mer könnt ja mit em Schiffle fahre. Was ben i froh, daß mei Vadder do her baut hot. In Stuegert hots Eigetum no en Wert, au wenn mer a'fange Mietgsetz hen wie im Kommunismus. Heut kriegscht doch en Mieter schlechter wieder los als d'eige Frau. Aber, was soll's. Des Haus war die bescht Idee von meim Vadder, au wenn er net grad viel Idea g'het hot.

»Was du ererbt von deinen Vätern hast, erwirb es, um es zu besitzen« – hot des jetzt der Goethe oder der Schiller gsagt? Des isch soo gut, des mueß vom Schiller sei.

Wenn i denk, was mei'm Luisle sei Elternhaus in Trochtelfinge brengt, des kosch grad vergesse. Drei Parteie

brenget grad soviel ei' wie oi Miete von hier. Aber 's isch oineweg schad, daß d'r Vadder hier im Oste baut hot und net in Degerloch, denn do kosch für de Quadratmeter locker fufzeah Mark verlange, do ben i mit meine zeah jo meh wie sozial. Soll doch no voll älles nach Stuegert reidrucke, no gohts au bei uns im Oste no nauf.

So, Jürgensen Juniors schiebets Fahrrad rei, und d' Reife send wieder amol net putzt. Wo fahret die eigentlich älleweil rom? Solang die Fahrrädle fahret, laß i d'r Souterrain nemme weißle, und überhaupt, an Leut mit Kinder sollt mer gar nemme vermiete, älleweil hot mer bloß a O'ruh im Haus. Oi, zwoi Kinder kennet ja jedem passiere, aber wenn oiner meh hot, isch's doch a Zeiche, daß er koi Leibeszucht hot – und entsprechend isch no au d' Kehrwoch. Immer flott, die Jürgensens, und scho wieder hen se en neue BMW, wahrscheinlich auf Leasing, aber mir solls egal sei, solang d' Miete pünktlich kommt.

Do lob i mir mein Schöllhammer. Mer sollt überhaupt bloß no an Beamte vermiete. Aber zu was der a Vierzimmerwohnung braucht, tät mi au interessiere. Oins bräucht er als Arbeitszimmer, 's Finanzamt tät mitmache, wahrscheinlich liest er do sei Zeitung drin. Was der eigentlich mit seim viele Geld macht? Mer sollt grad mit der Miete wieder nauf, die Beamte krieget jo au älleweil immer meh'. Aber womöglich erhöht mer no 's Finanzamt au mein eigene Mietwert, und der Steuerberater will au glei meh'. So leicht wie der wellt i mei Geld au verdiene, äll Johr 's Gleiche abschreibe, und nie kriegt mer ebbes raus. Den Schöllhammer sollt mer grad a bissle flattiere. Kriegt koin Bsuech und goht nie fort, der

könnt doch eigentlich mi als Erbe eisetze, des wär doch amol a nobler Zug vom a Mieter, schließlich wohnt er scho über zwanzig Johr do.
So, und d' Frau Dragović hot ei'kauft. Zu was die so viel Paprika braucht? Hot doch au so no g'nug Feuer. Wie die gestern auf der Trepp 's Becke nausgstellt hot, do könnt sich mei Luisle a Portio davo abschneide. Die Dragović wisset au net, wie guet ses unter unserm Dach hen. Zwoiezwanzigtausend Mark hot der Dachdecker koscht! Do kosch lang warte, bis des wieder reikommt, des sieht neamerts. D' Kehrwoch machet d' Jugos pünktlicher wie die Jürgensen. Die moint au grad, daß i se z'erscht grüeße müeßt, aber so weit kommts no. Die soll doch gucke, wo se nomal so a Wohnung kriegt, fünf Minute von der Stroßebah' und mit Blick über halb Stuegert. Andere wäret froh, aber Undank isch der Welt Lohn, des isch g'wiß wohr. Neue Fenschter will se han, die soll doch z'erscht die alte richtig putze. Do lob i mir die Dragović, die mekkeret nie, 's wär jo au nomal scheener. Und überhaupt, die Dragović hätt au en andere Mann verdient. Aber wie, der Schöllhammer tut jo scho der Mülleimer naus. Für en Minischterialrat macht er des gar net schlecht. No sollt i mein grad au naus do. Und Blätter hot's au scho wieder auf d' Ei'fahrt reigweht. »Luisle, 's wird Zeit, daß d' mit der Kehrwoch a'fangsch!«

Der Oberamtsrat

Zu den großen Hierarchien im Lande und anderswo gehört neben der Katholischen Kirche und der Bundeswehr auch die Bürokratie, was insbesondere an der Stuttgarter Ministerialverwaltung deutlich wird, die wie eine Schichttorte aufgebaut ist. Angefangen beim einfachen Dienst, der finanziell manchmal besser beraten wäre, zu Hause zu bleiben und Sozialhilfe zu beziehen, und der dennoch unverdrossen und pflichtgetreu seinen Dienst tut, findet sich in der zweiten Ebene die mittlere Laufbahngruppe, die insbesondere unter den Amtsinspektoren viele tüchtige und zufriedene Bedienstete kennt. Es schließen sich an die gehobenen Beamten, die überall das Gros der Verwaltung stellen und die Hauptarbeit erledigen. Darüber, gewissermaßen als Glasur, kommen die Juristen, die in sich wieder sehr differenziert sind, vom bloßen »Bedenkenhuber« bis zum »Gesetzesmacher«.
Die interessanteste Gruppe mit der größten Bandbreite in diesem Kastensystem bilden also die gehobenen Beamten. Hier finden sich noch die letzten Vertreter des alt-

württembergischen Schreiberstaates, aber auch wahre Verwaltungsgenies und politische Allround-Talente, vom ländlichen Bürgermeister bis zu Koryphäen wie dem Ministerpräsidenten, dem Landtagspräsidenten und dem Vorsitzenden der größten Fraktion. Allen gemeinsam ist ihre pragmatische Intelligenz, die durch keine Dogmen und Ideologien getrübt ist, was sie im Gegensatz zu manchem Juristen schnell die realen Probleme der Sache erfassen läßt. So hat auch die Wahl gehobener Beamter zu Landräten gezeigt, daß diese Landkreise keineswegs schlechter verwaltet werden und mit den aufgestiegenen Herren gut »schaffen« ist. Vielleicht wäre es in einer nur am Effekt orientierten Gesellschaft ohnehin das Beste, Intellektuelle vom Staatsdienst fernzuhalten und nur noch eine Art juristischer Pannenhilfe einzurichten. Neben dem Sachverstand in allen Verwaltungsfragen zeichnet sich der gehobene Dienst durch etwas im öffentlichen Dienst sehr Bemerkenswertes aus, nämlich die Solidarität und Kollegialität der »Schaffer« untereinander. So ist es auch selbstverständlich, daß alle gehobenen Beamten einer Behörde untereinander per Du sind, und zu einer fast blutsverwandten Vertrautheit kommt es zwischen »Kurskollegen«, die in Haigerloch, Kehl oder Stuttgart und jetzt Ludwigsburg auf den Verwaltungsschulen eine gemeinsame Ausbildung erlitten und zusammenhalten, wie man es sonst allenfalls von Kriegskameraden kennt.
Es ist kein Wunder, daß die Besten aus dieser Gruppe von »Durchblickern« auch relativ leicht den »Aufstieg« in den höheren Dienst schaffen und dann oft zu großer Form auflaufen. Schwierig wird allerdings das Schicksal der Beamten, die diese Kurve nicht bekommen und als »Ober-

amtsrat« oft schon Mitte Vierzig das Ende der Fahnenstange erreicht haben, weil ihre Qualifikation für die höheren Weihen eben doch nicht ganz ausreichte. Ein solcher Oberamtsrat verliert nicht selten im Laufe der Jahre jede Motivation und entwickelt sich in seinem Amtsbereich zum klassischen »Verhinderungsstrategen«, der gerne und häufig die vier heiligen Grundsätze des Berufsbeamtentums praktiziert, die da bekanntlich lauten: »Das haben wir schon immer so gemacht«, »Da könnt ja jeder kommen«, »Wo kämen wir denn da hin« und »Das haben wir noch nie so gemacht«.
Eine solche Beamtenmentalität ist aber keinesfalls eine schwäbische Besonderheit, sondern ein uraltes internationales Problem, heißt es doch schon in den Sanskritweisheiten über diesen Typus: »Sie machen sich nichts aus ihren Vorgesetzten und gehen unbekümmert ihrer Arbeit nach.« Solch ein Beamtengrufty entwickelt bald ein feines Gespür dafür, welche Akten sich durch Zeitablauf von selbst erledigen können und wird, wenn er einmal den Versteinerungszeitpunkt erreicht hat, von dem an er nichts Neues mehr anfängt, zum Meister in der Abschiebung von Akten. Seine Grundhaltung bezeichnet man am besten als »konservativ-motzig«, was ihn nicht hindert, in der Kleidung noch durchaus progressiv aufzutreten und auch einmal eine gelbe Krawatte zum grünen Hemd zu riskieren. So zeigen sich bei ihm all die fatalen Schwächen, die dabei herauskommen, wenn jemand schon relativ jung einen pensionierungsfähigen Dienstgrad erreicht. Diese hindern so einen Beamten aber nicht, seinen Kollegen ein guter Kumpel zu sein, und auch sein Familienleben leidet in der Regel nicht darunter, zumal er

seine dienstlichen Frustrationen häufig durch private Hobbys vom Kegeln bis zum Kirchengemeinderat kompensiert.
In seiner Behörde hat er oft eine uneinnehmbare Position als Haushaltsspezialist, ein Gebiet, das der höhere Dienst gern vernachlässigt, auf dem in der Verwaltungspraxis aber die Würfel fallen, denn wer den Daumen auf dem Beutel hat, hat bekanntlich die Macht. So können die Herren vom höheren Dienst noch so schöne Reden schreiben, ob eine Stelle künftig wegfällt oder nicht, und wer in welchem Zimmer sitzt entscheidet in der Praxis meist ein gehobener Beamter. Und so schreibt dieser und nicht der Minister oder andere hohe Chargen das »Schicksalsbuch der Nation«, wie man den Staatshaushaltsplan etwas geschwollen zu bezeichnen pflegt.
Im Gegensatz zu höheren Beamten, die oft gar nicht erfahren, was in ihrer Behörde eigentlich läuft, falls sie keine informellen Beziehungen zu ihren Mitarbeitern unterhalten, weiß der Oberamtsrat buchstäblich alles, was sich im Amt offiziell und vor allem auch inoffiziell abspielt. Selbst solch diskrete Fragen, wie »wer mit wem?« oder gar welcher Ministerialrat seidene Unterwäsche bevorzugt, bringen ihn nicht in Verlegenheit, denn er weiß das alles gewissermaßen aus erster Hand.
Eine besondere Stärke von ihm ist auch seine Begabung zur Lösung für Lebensprobleme des Alltags im Dienst und außer Dienst. Er kennt seine Dienststelle aus dem Effeff und kann seinem Vorgesetzten immer gute Tips geben, sich im Zuständigkeitsdschungel zurechtzufinden. Dieser ist aber auch gut beraten, ihn bei Fragen wie, wo kauft man in Stuttgart am besten Bernstein oder auch nur

banale Dübel, zu Rate zu ziehen. Zu den Ritualen der gehobenen Beamten gehört auch die wöchentliche Sportstunde, die meist aus einem einstündigen Hallenwetz und einem zweistündigen Biertrinken besteht, womit die soziale Funktion des Sports wieder einmal erwiesen wäre. So ein Oberamtsrat hat aber auch über den Fußball hinaus durchaus noch kulturelle Interessen, man findet ihn zum Beispiel auch mal im Neujahrskonzert in der Oper. Aufs Theater hingegen kann er verzichten, das hält er für Theater und hat es seit Peymanns »Blume von Hawaii« nicht mehr betreten. Aber eine leicht verdauliche Oper mutet er sich schon ab und zu einmal zu und ist im übrigen mit den meisten Stuttgartern der Meinung, daß in dieser Stadt zu viel Bach und zu wenig Musicals aufgeführt werden. Auch im Urlaub heißt es für ihn »keine Experimente«, und so fühlt er sich in seiner Zweitwohnung im Allgäu oder am Bodensee am wohlsten, im Eigenen ist es halt auch im Urlaub für einen Schwaben immer am schönsten.

Im vorgerückten Alter nehmen seine dienstlichen Belastungen im Ministerium objektiv ab, da man ihm nichts Neues mehr zuweist, und seine Verhinderungsstrategien und Abschiebetaktiken immer ausgefeilter werden. Dafür nehmen seine subjektiven Beschwerden jetzt zu, weil die Belastbarkeit geringer wird und nun die Berufskrankheiten der Beamten wie z. B. die Hämorrhoiden, auch als »Beamtenkirschen« wohl bekannt, verstärkt auftreten. Manchmal erscheint er völlig erledigt im Dienst, nur weil der Vollmond ihn nachts so belastet hat, oder wieder einmal eines der berüchtigten Tiefs in den Stuttgarter Talkessel drückt. Auch die Mittagsmüdigkeit, der Erbfeind

der Berufsbeamten, macht ihm immer mehr zu schaffen, und es ist eine tiefe Tragik darum, daß der Beamtenbund und die ÖTV immer nur mehr Geld und mehr Urlaub fordern und diese vitalen Probleme des öffentlichen Dienstes ganz aus dem Auge verloren haben.
Wer nun aber glaubt, diesen Typus gebe es nur unter den Oberamtsräten, der kennt die Schrullen der »steckengebliebenen« Regierungsdirektoren nicht. Abhilfe brächte hier wohl nur eine Aktion »Abendsonne«, wie sie die Bundeswehr ab und zu durchführt, indem sie großzügig vorzeitig pensioniert. Da aber die Beamten nicht »knakkig« sein müssen, wie es der Verteidigungsminister von seinen Offizieren wünscht, besteht für derlei Aktionen wenig Hoffnung. So sei der Steuerzahler damit getröstet, daß die pensionierungsfähigen Oberamtsräte und Regierungsdirektoren zwar nicht mehr die größten Wuhler sind, sie dementsprechend aber auch nur wenig Fehler machen und ihre Zurückhaltung bei der Arbeit die Last der Gesetze für den Bürger letztlich eher mildert.

Der Millionär

Der fränkische Freiherr zu Guttenberg soll einmal auf die Frage, was er tun würde, wenn ihm pro Jahr eine Million DM zur Verfügung stünde, geantwortet haben, »dann würde ich mich eben einschränken«. Solch ein »Einschränken« ist freilich für den schwäbischen Millionär die Regel. Ursache seines Wohlstandes ist häufig der pietistische Gewerbefleiß seiner Ahnen, deren Grundhaltung er – kaum gemildert durch die allgemeine Laxheit der modernen bzw. postmodernen Gesellschaft – übernommen hat. So ließen sich die von Max Weber untersuchten Zusammenhänge zwischen der protestantischen Ethik und dem Geist des Kapitalismus auch hier im Lande ohne weiteres herstellen und belegen.

Ein Mann mit Geld braucht nach Auffassung mancher Frauen keine sonstigen Eigenschaften zu haben; sympathisch ist es aber, wenn er, wie der schwäbische Millionär, darüber hinaus durchaus noch welche hat. Was man sich z. B. im Rheinland kaum vorstellen kann, ist, daß so ein Millionär württembergischer Art meist ein recht bescheidener Mann ist, der sein Geld im Unternehmen stekken hat und von maßvollen Privatentnahmen lebt.

»Saus und Braus« sind keine schwäbischen Begriffe, und erst recht kein Lebensziel für den einheimischen Millionär. Er liebt dafür in allem die Qualität. Dies wirkt sich sehr vorteilhaft auf die Produkte seiner Firma aus, aber auch auf seinen privaten Lebensstil. So kleidet sich nicht nur er, sondern sogar »d' Millionäre« teuer aber unauffällig, denn bekanntlich gilt hierzulande der Grundsatz: »Allzu scheh isch liederlich«, und wenn »Sie« beim Kleiderkauf im Ausverkauf zum Zug kommt, ist »d' Millionäre« besonders stolz.

Gar nicht typisch für Württemberg ist freilich die Geschichte einer Dame der Stuttgarter »High society«, die nicht aus dem Schwäbischen stammte: Vor einer Party bestellte sie ein Kleid zur Probe, zog es zum Fest an und gab es dann wieder dem Geschäft zurück mit der Begründung, es gefalle ihr nicht. So etwas würde eine schwäbische Millionärin bei aller Sparsamkeit dann doch nicht tun.

Richtig aber ist, daß man in Württemberg von den reichen Leuten wirklich das Sparen lernen kann. Wenn zum Beispiel im Metzgerladen eine Frau 125 Gramm Kalbsleberwurst verlangt und die Frage, ob es »ebbes meh« sein dürfe, verneint, dann ist es mit Sicherheit keine Arbeiterfrau, sondern eine »Reiche«. So ein rechter schwäbischer Millionär läßt dementsprechend auch nichts verkommen. Eindrucksvoll ist es, wenn er im Herbst mit Familie die ererbte Baumwiese aberntet und dabei zu einem Stundenlohn arbeitet, den er dem Geringsten unter seinen Arbeitern nicht zumuten würde. Nach getaner Arbeit packt er dann fünf Säcke Obst in den »Fünfhunderter« und fährt zum Mosten, denn er wäre kein rechter Schwabe, wenn er nicht auf den eigenen Most im Keller Wert legen würde.

Am liebsten ist ein schwäbischer Millionär »hehlingen reich«. Ein Indiz dafür kann zum Beispiel die Typenbezeichnung seines Mercedes sein. Kenner der Szene versichern nämlich, daß bei Mercedes-Bestellungen nach Nordrhein-Westfalen häufig höhere, im Lande dagegen niedrigere Typenbezeichnungen verlangt werden. Mancher biedere Fabrikant schraubt sie sogar ganz ab oder verwendet je nach Anlaß zwei verschiedene.

Bei der Jugend gibt es zwangsläufig Aufweichungserscheinungen und Abweichungen von der überkommenen Art, aber ein rechter württembergischer Millionär vom alten Schrot und Korn hält Abstand zur Schickeria, die nach verbreiteter Auffassung hierzulande ohnehin keine Existenzberechtigung hat. Häufig bestätigt sich beim schwäbischen Millionärssproß die alte Regel, daß der Großvater das Geld machte, der Vater es vermehrte und der Sohn Kunstgeschichte studiert. Ein gut gezogener Millionenerbe aber, der in der Firma nicht verwendet werden kann, geht wenigstens in die Steuerverwaltung, um sein Vermögen besser verwalten zu können, und irgendein »Geschäft« braucht schließlich auch ein Millionenerbe. Er übertrifft dann an Sparsamkeit oft noch seine beamteten Kollegen, indem er private Ortsgespräche abends gern von der Zelle aus führt und stolz erzählt, so komme man an die Luft und spare pro Gespräch noch drei Pfennige. In Fachkreisen bekannt geworden ist auch die tiefe Weisheit eines solchen Nachwuchsmillionärs im öffentlichen Dienst, der seinen jungen Kollegen riet, bei der Brautwahl der Frau »ins Maul zu schauen«; er habe gerade erst 6000 DM an den Zahnarzt seiner Frau überweisen müssen, und das tue weh.

Eine unbehagliche Zeit kommt für einen Millionär immer, wenn der Urlaub heransteht, dem er sich wegen seiner Familie nicht entziehen kann. Er sucht dann vorzugsweise einen Ort auf, wo niemand sieht, daß er nichts schafft, und beklagt den Verlust an Komfort im Vergleich zu seinem häuslichen Heim, dessen gediegene Behaglichkeit er allerdings von der Außenwelt gern durch eine große Hecke abschirmt. Das Schlimmste am Urlaub ist für ihn, daß er in dieser Zeit nichts Rechtes schaffen kann. Fühlt er sich dazu doch gewissermaßen verpflichtet durch den Fluch seiner pietistischen Chromosomen, die seinen Wohlstand zwar ermöglichten, ihm aber zugleich verbieten, diesen zu genießen.

Der Millionär im Schwäbischen liebt wie alle Schwaben das Understatement und verheimlicht gern den Wert von seinem »bißle Sach« selbst in der Familie. Wenn ein Kind partout wissen will, ob der Vater reich ist, so erhält es dann eine Antwort wie von einem oberschwäbischen Großbauern, der auf die hartnäckige Frage seines Sprößlings erklärte: »Wir sind nicht reich. Aber wir haben das, was wir brauchen – und dann noch etwas mehr.«

Am Jahresende ist der württembergische Millionär bei aller Sparsamkeit sogar zu einer gezielten Wohltätigkeit bereit und spendet; zwar nicht für »Greenpeace« oder »Amnesty international«, sondern halt dorthin, wo es seiner Meinung nach keinen gesellschaftspolitischen »Schaden« stiften kann.

Eine gewisse Konzentration an Millionären in Württemberg gibt es seit der Industrialisierung im Raum Reutlingen. Es kann reiner Zufall sein, daß nach dem Urteil eines hochrangigen Experten dort auch das schlechteste Konzertpublikum weit und breit zu Hause ist. Wer möchte es aber einem Reutlinger Millionär ernstlich verübeln, wenn er von seiner Frau ins Konzert geschleift, zwei Stunden lang frustriert darüber nachdenkt, was man in dieser Zeit alles hätte schaffen können, und er dann unwillig wird, wenn er auch noch »patschen« soll.
Die Reutlinger sollen ja, nach einem bösen Wort, Gott sehr lieb haben: Er käme für sie gleich nach dem Geld, heißt es. Da ist dann freilich nicht mehr viel Raum für subtile musische Feinheiten, und ganz allgemein findet der Millionär im Lande in der Kultur das gut, was auch teuer ist, wie zum Beispiel den Stuttgarter Opernball.
Auch insoweit erweist er sich als ganz normaler Bürger, wenn er daneben eben nicht so grausig reich wäre. Aber schon die Grundschüler trösten sich ja bei uns mit dem Sprüchle: »Wenn des Wörtle wenn net wär', wär' mei Vater Millionär.« So ist's halt!

Die Honoratioren eines Landstädtchens

Baden-Württemberg kennt zwar keine Klassengesellschaft mehr, wie sie wohl nur noch in den »klassenlosen« Staaten des Ostens vorkommt, vielmehr hat bei uns jedermann zumindest finanziell die Möglichkeit, aufzusteigen. Aber auch, wer materiell in der Lage ist, Hemden, Wäsche und Anzüge ausschließlich von Nobelmarken zu tragen, wird merken, daß es dennoch unsichtbare Schranken für ihn gibt, die nicht so augenfällig sind wie die Kleiderordnungen im alten Württemberg, aber dennoch zu Abstufungen führen, die nicht weniger differenziert sind. Auch wenn die Zeit der »Ehrbarkeit«, als einige wenige Familien ganz Württemberg beherrschten, spätestens 1945 endete, hat sich in den Honoratiorengesellschaften kleiner schwäbischer Landstädte trotz aller Verunsicherungen durch neureiche Reingeschmeckte und die egalitären elektronischen Medien etwas von ihrem bürgerlich konservativen Geist erhalten, der über Jahrhunderte die württembergische Gesellschaft prägte.

An der Spitze so einer Kleinstadt-High-Society stehen im allgemeinen die Vertreter des »juste milieu«, bzw. noch vor ihnen natürlich ihre Gattinnen. Hier finden sich der Herr Landrat, der Herr Oberbürgermeister, die Abgeordneten, wohlhabende und entsprechend konservative Ärzte und Anwälte, die man insgesamt auch den »Club der sich gegenseitig Hochachtenden« nennen könnte.
Freilich sind auch in einem schwäbischen Landstädtchen einst so homogene Gruppen wie die Ärzte heute sehr unterschiedlich in Gesinnung und gesellschaftlichem Auftreten. Zwar gibt es auf dem Lande noch keine Arztkonkurse, wie bei besonders raffgierigen Kollegen in Städten, die Opfer ihrer Steuer- und Anlagepraktiken wurden, aber unter den Jüngeren schlagen manche in der anderen Richtung aus der überkommenen Art. Diese stehen nach Aufbau ihrer Praxis vor dem Problem »links« und reich zugleich sein zu müssen, was nach dem Schikkeriagrundgesetz der siebziger Jahre »Links reden und rechts leben« nur vordergründig lösbar ist. Auch die Anwaltschaft so eines Städtchens ist nicht mehr das, was sie einmal war. Die älteren Anwälte trauern der Zeit nach, als sie noch zu zweit am Amtsgericht waren, einer den Kläger, der andere den Beklagten vertrat und es noch keinen Futterneid der von ihren Ehefrauen oder gar der Sozialhilfe unterstützten Junganwälte gab.
Man wäre aber nicht in Württemberg, wenn nicht die wohlbetuchten Honoratioren allenfalls »hehlingen« reich wären und ihre Häuser außen und innen oft so bescheiden hielten, daß Neugierige sich immer wieder fragen, was sie mit ihrem ganzen Geld eigentlich anfangen. Dabei verkennen sie freilich, daß man hierzulande zwar

Geld haben darf, ja muß, es aber verpönt ist, dies auch zu zeigen oder gar zu genießen, wobei die Rache der pietistischen Erziehung wieder einmal spürbar wird.
In diesen Kreisen finden sich auch die letzten Vertreter des Typus Bildungsbürger, deren Kulturbedarf zumindest am Wochenende nicht ganz durch das Fernsehen befriedigt wird. Sie finden sich daher gern in Form einer überdimensionalen Hausmusik in einem Kammerorchester zusammen, in dem aber, da die Instrumentierung sonst nicht ganz aufgeht, auch liberale Bürger und sogar angepaßte Linke einen Platz finden, wenn sie gut musizieren können. Ein solches Kammerorchester ist dann ein rechtes Bollwerk bürgerlicher Kultur, und wenn es übt, entfallen für seine Mitglieder alle übrigen Verpflichtungen wie zur Zeit des Kirchgangs. Amüsiert und zufrieden zugleich entnimmt so ein akademischer Musiker nach den Konzerten dann der Heimatzeitung, daß sich das Orchester wieder »als Klangkörper mit unglaublicher Klangfülle auf hohem Niveau« bewährt habe. Auf höherem Niveau fühlt er sich auch selbst und darf sich beim Musizieren in Einklang mit der altwürttembergischen Bildungstradition wissen, die bekanntlich augenfeindlich und ohrenfreundlich war.
Die Herren vom Amtsgericht, das vielerorts einen Rest der alten Oberamtsherrlichkeit darstellt, halten sich dagegen, wie kluge Richter es tun, aus dem gesellschaftlichen Leben ihres Bezirks heraus, zumal sie ihre »Gerichtsinsassen« viel zu genau kennen, um auch nach Dienst auf Kontakte mit ihnen noch Wert zu legen.
Ein Berufsstand, der zumindest theoretisch viel Zeit und Gelegenheit hat, sich gesellschaftlich im Städtchen zu en-

gagieren, sind die Lehrer. Von den Ausstellungen des Zeichenlehrers, den Konzerten des Musiklehrers und den Umweltaktionen des grünen Biologielehrers abgesehen, profilieren sich Lehrer in der Öffentlichkeit vor allem im Stadtrat, wo sie, meist ökologisch motiviert, für eine oft heilsame Unruhe sorgen.

Der Herr Forstrat fällt ebenfalls deutlich auf, ist er doch so grün, wie seine Tannen es einmal waren, und bildet dadurch ein kritisches Element beim Behördenstammtisch des Städtchens, einer Art selbstgeschnürtem Korsett der Verwaltung, das wie alle informellen Informationsgremien in seiner Bedeutung nicht unterschätzt werden darf. Obwohl seine Bedeutung zurückgegangen ist, was freilich nicht alle Einwohner als Nachteil empfinden, spielt auch der Klerus in einem schwäbischen Landstädtchen noch eine Rolle, die zunimmt, je weiter man nach Süden kommt. Insbesondere der katholische Herr Dekan gilt vielerorts als der berufene Hüter der Moral. Oft eine barocke Erscheinung, wie sie vor allem noch das Oberland hervorbringt, weiß er Gut und Böse genau zu scheiden und greift schon einmal mit einem Leserbrief ein, wenn der Fasnetsumzug gar zu frivol gerät. Andererseits gilt sein Hausball an der Fastnacht als der Gipfel kultivierter Fröhlichkeit.

Sein evangelischer Kollege hingegen ist meist alt und resigniert, wie es sich für einen evangelischen Pfarrer im vorgerückten Alter geziemt. Ohne Aufheiterung durch Hausbälle leiert er dem Ruhestand entgegen und tröstet sich bei dem Gedanken, wenn Gott eine bessere Welt gewollt hätte, hätte er sie ja bloß zu schaffen brauchen.

Alle diese Honoratioren halten in einer Mischung aus

Überheblichkeit und Berührungsangst Abstand zur linken und alternativen Szene, die es inzwischen auch im ländlichsten Landstädtchen gibt. Auch von der Volkshochschule, dem wichtigsten Kulturträger im ländlichen Raum, halten sie meist nicht viel, gilt deren Leiter doch häufig als »links«, was ihnen eine sachliche Auseinandersetzung mit seiner Arbeit in ihren Augen weitgehend erspart.
So bildet der kulturelle Bereich, wie sich schon am Kammerorchester zeigte, die einzige Brücke zwischen dem bürgerlichen und dem linken und alternativen Lager. Die Liberalen wirken hier als Scharnier zwischen den Ideologien, und in dieser Grauzone betätigen sich sogar die honorigen Vertreter des Kreditgewerbes als Mäzene, was den Bilanzen ihrer Institute in der Regel nicht schadet.
Eine gewisse gesellschaftliche Durchmischung findet sich naturgemäß auch beim Tennisspielen, das für viele moderne Schwaben und Nichtschwaben fast kultische Züge angenommen hat. Hier findet sich der Vorführplatz der Markenblusen, Hemden, Socken etc. und natürlich wird auch dem Tennissport gehuldigt. Im Tennisclub werden auch Bauunternehmer ohne Lateinkenntnisse akzeptiert, ja sogar arrivierte Metzger, wenn sie wissen, was sich schickt, denn dies zu wissen, ist im Tennisclub einer kleinen Stadt entscheidend. So zeigt sich wieder einmal, daß der Sport demokratischer ist als alle übrigen Gesellschaftsbereiche, da jedermann, wenn schon nicht durch sportliche, so doch wenigstens durch finanzielle Leistung, seinen Platz im Verein finden kann.
Bei den »Lions«, die in jeder Stadt vertreten sind, oder auch bei den »Rotariern«, die im ländlichen Raum schon

weniger zu finden sind, braucht er von vornherein gar keine sportliche Leistung zu erbringen und auch keine sportliche Kleidung zu tragen, sondern nur ein Scheckbuch für soziale Spenden mitzubringen, was in höherem Alter, wenn die Brieftasche mit dem Bauch zunimmt, sehr vorteilhaft ist.

So leben die Honoratioren eines schwäbischen Landstädtchens unangefochten, wie es ihr Besitz so mit sich bringt, und im sicheren Gefühl, daß sie es schon recht machen und schon immer recht gemacht haben. Sie sind miteinander verwandt oder verschwägert und praktizieren den Grundsatz des »Vive la difference« im Hinblick auf alle Andersdenkenden.

Wenn aber dann die Fasnet einsetzt, ist die Honoratiorengesellschaft für ein paar Nächte aufgehoben, und Schwarze und Rote, Gelbe und Grüne tanzen dann lustig miteinander, und wenn man die Dinge recht besieht, dann kann man nur bedauern, daß in den kleinen schwäbischen Landstädtchen das Verhältnis von Fastnacht und Alltag so unausgewogen ist.

Der Herr Professor

Baden-Württemberg ist das hochschulreichste Land der Bundesrepublik und dementsprechend gesegnet ist es auch an Professoren. Einen Berufsstand typisierend betrachten zu wollen, der nach eigenem Verständnis nur aus exorbitant herausragenden Persönlichkeiten besteht, mag vermessen erscheinen, jedoch haben auch die Vertreter dieses ehrwürdigen Berufes durchaus eine landsmannschaftliche Komponente. Im Zuge der »Demokratisierung«, um nicht zu sagen Inflationierung des Professorentitels gibt es heute unter den Professoren eine Bandbreite, die größer ist als in jedem anderen Beruf und vom Nobelpreisträger an der Universität bis zum aufgestiegenen Professor mit mittlerer Reife an der Fachhochschule reicht. Für alle gilt, daß die Originale, wie sie früher insbesondere die Universitäten in den Orchideenfächern hervorbrachten, aussterben und dem Typus des Wissenschaftsmanagers gewichen sind. Der »zerstreute Professor«, der sich im Restaurant mit der Krawatte den Mund putzt, weil er gerade im Kopf ein schweres Problem wälzt, ist denn auch eine große Rarität geworden. Ohne Anwendung der EDV kommt heute kein Professor mehr aus oder glaubt dies zumindest, und die EDV verlangt eben eine klare Ordnung im Kopf und läßt diffuses Denken bei ihrer Nutzung nicht zu.

Ein einigendes Band zwischen den sonst recht unterschiedlichen Professoren an Universitäten, Pädagogischen Hochschulen und Fachhochschulen scheint zu sein, daß sich der schwäbische Professor gern als intellektueller Brettlesbohrer und akademischer Wuhler betätigt. Mit Fleiß und Ausdauer geht er seiner Wissenschaft nach und verschmäht dabei auch das Detail nicht. So ist es kein Zufall, daß der Spitzberg vor den Toren Tübingens zu den besterforschten Bergen der Welt gehört, hat sich mit diesem eher unscheinbaren Hügel doch schon die geballte Intelligenz der Universität befaßt und ihre Forschungsergebnisse in einem eindrucksvollen Werk belegt. Ein rechter schwäbischer Professor möchte zwar an sich alles wissen, nimmt es aber im Zuge des Fortschritts der Wissenschaft mit ihrem Zwang zur Spezialisierung in Kauf, immer mehr über immer weniger zu wissen, und sei es über den Spitzberg. Auch die schwäbische Neigung zur Hintersinnigkeit findet sich unter den Professoren des Landes, wenn sie erst einmal ein gewisses Stadium der Reife und Frustration erreicht haben.

Es ist nur konsequent, daß die Koryphäen der Wissenschaft sich auch ihres Wertes bewußt sind, und der löbliche schwäbische Grundsatz »Idealismus ist recht und gut, aber in den Geldbeutel darf er nicht hineinfallen« von vielen streng befolgt wird. Freilich sollte man nicht so weit gehen wie jener Zyniker, der in Anbetracht der Nebentätigkeitsabrechnungen mancher Professoren einmal bemerkte, man könne »Prof.« auch als Abkürzung für »Profit« ansehen. Richtig jedoch scheint zu sein, daß die hochkarätigsten Reisekostenspezialisten an den Hochschulen des Landes sitzen. In einer Zeit, in der wie einstens im Frankreich Louis Philippes auch bei uns das Motto »Bereichert euch« die durchgängige Lebensleitlinie der Gesellschaft geworden ist, braucht daran niemand Anstoß zu nehmen. Auch der Herr Professor muß eben auf seinen Vorteil achten, und interessant ist dabei nur, daß der franziskanische Geist vor allem auch bei Theologen und Philosophen recht unterentwickelt zu sein scheint. Immerhin halten sich die Berufungswünsche der meisten Professoren in Grenzen, wenn man von gelegentlichen Vorhangsonderwünschen einer Ehefrau absieht, und der Professor, der aus den USA zurückgeholt per Luftfracht sein Reitpferd mitbringt, ist eine Ausnahme, die auch sofort zur Änderung der einschlägigen Vorschriften führte. Am liebsten käme ein schwäbischer Professor in Tübingen auf die Welt, ginge dort zur Schule, machte Ersatzdienst in einer Klinik, studierte an der dortigen Uni und bliebe möglichst bis zur Emeritierung an dieser Universität. Aber so einfach ist das eben nicht, und wer weiterkommen will, muß wandern. Wenn einer Glück hat, kann er seinen Wohnsitz im Lande behalten und als »Spagatprofessor« – wie ein Insider diesen Typus einmal nannte – eine Professur in nördlichen Gefilden wahrnehmen. So sind die Herren Professoren ein geradezu integraler Bestandteil der »Intercity-Kultur« auf Deutschlands Schienen. Im Stuttgarter Hauptbahnhof drehen sie in den Salonwagen dieser Züge in Windeseile die Sitze herum, um in Fahrtrichtung zu sitzen, woran man im Zug gleich den Profi vom tappigen Gelegenheitsreisenden unterscheiden kann. Auf der Bahn wird korrigiert, rezensiert und geforscht, und es wäre schlimm, wenn ihre schmucken Köfferle einmal verlorengingen, müßte doch mancher Doktorand dann wieder von vorne anfangen. Eine Professur in Köln kann man auf diese Weise ohne weiteres noch wahrnehmen, und vielleicht kann so ein reisender Professor durch geschicktes Timing der Vorlesungen dann sogar mit einem Kollegen aus Kiel das Zimmer teilen, wenn dieser in der anderen Wochenhälfte liest. Das einzige Problem dürfte bei solchen Arrangements die Bettwäsche sein, aber daran ist ein Professor neuer Art, soviel man hört, noch nie gescheitert.

Schlecht sieht es nur aus, wenn es den jungen Professor an eine Uni verschlägt, die auch mit dem Intercity nicht mehr in vertretbarer Zeit erreichbar ist. Dann beginnt das harte Leben in der Diaspora, und der Exulant tut gut daran, gleich nach der ersten Vorlesung einen Bäcker zu suchen, der Brezeln bäckt, um der gewohnten Nahrung nicht verlustig zu gehen. Um Brezeln und Laugenwecken herum bildet sich dann oft eine schwäbische Kolonie, die das Heimweh ertragen läßt.

Wenn er Glück hat, bekommt der Nachwuchsprofessor seine Professur aber nicht im Norden, sondern in Berlin. Die niedrigen Flugtarife ermöglichen es ihm dann ungeniert, am Schwarzwaldrand zu bauen und dennoch seinen Lehrverpflichtungen in der alten Reichshauptstadt nachzugehen. Überhaupt sollten aufstiegswillige württembergische Akademiker nur im Großraum Echterdingen oder in der Nähe von Intercity-Bahnhöfen bauen, damit der

schwäbische Traum vom eigenen Heim und die Karriere nicht zu unlösbaren Zielkonflikten führen. Ist es doch so, daß das Beamtenheimstättenwerk schon so manchen Karrieristen dingfest gemacht und sich so für die neidischen Konkurrenten in der Tat als Selbsthilfeorganisation des öffentlichen Dienstes erwiesen hat.
So richtig zufrieden ist solch ein »Spagatprofessor« aber erst, sobald er das eine Bein einziehen kann und wieder mit beiden Füßen im Lande steht. Hat er dann seine höchste Besoldungsstufe erreicht, pflegt die Leistung allmählich nachzulassen, und wie bei allen Menschen kommt dann die Zeit, in der Ehrungen erhofft und auch notwendig werden. Gerne empfängt er dann aus hoher Hand ein »Blechle«, zieht sich in die Gremienarbeit zurück, und wäre er nicht schon »Professor«, wäre es jetzt höchste Zeit für die Verleihung des Professorentitels durch den Ministerpräsidenten, der damit schon manche Alterskrise linderte.

Die Tübinger Studentenmutter

Wenn es auch ratsam erscheint, das Spezifische am schwäbischen Volkscharakter abstrakt generell zu schildern, so verdichtet sich dieser manchmal doch so plastisch in konkreten Persönlichkeiten, daß es einen verlockt, die typisierende Beschreibung einmal zugunsten der individuellen Betrachtungsweise zurückzustellen wie im Falle der Tübinger Studentenmutter Imelda.

Die Tübinger Wirtinnen galten immer als ausgesprochen bürgerlich. Damenbesuch sahen sie bei ihren Herren Studenten gar nicht gerne, und manche sollen sogar darauf geachtet haben, daß ihre Mieter nicht zur Wand schliefen, damit keine Atemflecken entstanden.

Eine Hochburg studentischer Liberalität mit einem Einschlag in die Bohème bildete vor der Sanierung das Gebiet der Haaggasse, der Ammergasse, der Mordiogasse, der Hohentwiel-, Jacobs-, Karren- und Froschgasse, wo sich der Typus der »Studentenmutter« als Vermieterin noch in einigen Prachtexemplaren erhalten hatte. Eine von diesen Urtübingerinnen war Imelda, die wir in der

»Ammergasse 111« ansiedeln wollen. Ihr Vater war noch ein echter Gôge gewesen, und rauh, aber wenig herzlich war ihre Kindheit verlaufen. Ihre Intelligenz war nicht sehr ausgeprägt, ja man wird sie wohl als etwas debil bezeichnen müssen. Sie glich diese Schwäche aber durch Mutterwitz und eine gewisse Bauernschläue aus und war immer fröhlich und unverzagt, wie es in unserer Welt heute leider fast nur noch die leicht Debilen sind.
Von der Natur war sie auch körperlich nicht verwöhnt worden, sondern etwas zu kurz geraten und dafür etwas zur Fülle neigend. Ihre schon recht ergrauten Haare waren von einem Dutt zusammengehalten, und ihr linkes Augenlid hing ihr ein wenig herab, was sie scherzend darauf zurückführte, daß sie bei ihren Herren eben immer ein Auge zudrücken müsse. In der Volksschule hatte sie sich schwer getan. Danach war sie als Hausgehilfin tätig. Neuen Mietern erzählte sie stolz, sie sei volle 30 Jahre »in Stellung« gewesen und dürfe noch überall hinkommen, und acht Jahre sei sie sogar bei einer Frau Hauptmänne gewesen, die sehr zufrieden mit ihr gewesen sei.
Wenn einer ihrer »Herren« infolge Katerbeschwerden keine Lust zum Studieren hatte, was bei manchen fast die Regel war, tröstete sie ihn mit einem Gedicht aus ihrer Dienstbotenzeit, das da lautete: »Montag ist ein blauer Tag, Dienstag ich nicht schaffen mag, Mittwoch ist der Wochenmarkt, Donnerstag lauft mer's G'schäft net arg, Freitag läßt mer Freitag sei, Samstag lauft en Sonntag nei.« Norddeutsche Mieter wunderten sich gelegentlich, daß solch eine Volkspoesie im schaffigen Württemberg überhaupt entstehen konnte; aber daß man derlei Sprüche heute nicht mehr hört, hängt vermutlich auch damit

zusammen, daß man dort, wo noch fest geschafft wird, nicht mehr nur schwäbisch, sondern vor allem auch türkisch spricht.
Imelda hatte stets großen Respekt vor der Obrigkeit, und seit ihrer Zeit bei Hauptmanns insbesondere vor dem Militär. So wird berichtet, daß sie im Frühjahr 1945 beim Einmarsch der Franzosen – die nicht, wie es in dem schönen Lied heißt »obe ra«, sondern durch das Ammertal einrückten – von Gefühlen übermannt den rechten Arm hochriß und laut »Heil Hitler« rief. Die Franzosen erkannten zum Glück rasch, daß sie da keinen Werwolf vor sich hatten, und ließen die liebe Imelda ungeschoren.
Wer in der »Ammergasse 111« wohnte, durfte nicht so pingelig sein, und auch Imelda legte die Rechtsordnung stets nach den Maßstäben ihres großzügigen Herzens aus. So wehrte sie einmal die Attacke eines vorlauten juristischen Mieters, er habe gehört, in den fünfziger Jahren habe im zweiten Stock des Hauses ein Abtreiber gewohnt, den sie fleißig mit heißem Wasser versorgt habe, mit den entwaffnenden Worten ab: »Jetzt lasset Se doch die alt Sach, mer hot doch bloß helfe welle.« Die Juristen hatten überhaupt eine Sonderrolle unter ihren Mietern. Einerseits waren sie relativ pünktliche Mietezahler, andererseits nahm ihr formales Ordnungsdenken doch an manchem Anstoß, was die Vertreter anderer Fakultäten gutmütig tolerierten. Aber als echte Tübinger Wirtin wußte sie sich auch gegen diese Herren durchzusetzen und beschied einmal einen Jungjuristen, der sich darüber beschwerte, daß alleweil kein Klopapier da sei, schlicht mit den Worten: »Oh, was Sie au immer hend, vor 10 Johr hat in Ihrem Zimmer der Sohn vom Generalfeldmarschall

Rommel g'wohnt, und der hots sogar bis zum Ministerialrat brocht und war immer z'friede!«
Gar manchen interessanten Mieter hatte die gute Wirtin damals. Selbst eine hartgesottene Medizinstudentin wohnte in diesem Quartier und mußte immer wieder einmal erste Hilfe leisten. Imeldas Stütze war ihr »Hausvogt«, ein Philologe, der, wie er sagte, lieber »das Leben studierte, als sich mit dem Nibelungenlied zu befassen«, was zumindest in der »Ammergasse 111« auch viel interessanter war. Imelda hatte bei der Verwaltung ihres Hauses auch Hilfe nötig, denn ihre studentischen Mieter waren stets zu Streichen aufgelegt, die nicht immer glimpflich verliefen. So hatten ihre Herren im ersten Stock einmal bei einer Zechtour das Kunststück fertiggebracht, lange vor der 68er-Revolution, eine rote Fahne zu stibitzen und aus dem Fenster zu hängen. Es kam ob dieses schrecklichen Vergehens zu einer Gerichtsverhandlung, und die Wirtin, die das ehrfurchterheischende Gerichtsgebäude in der Doblerstraße noch nie betreten hatte, mußte zu ihrem größten Entsetzen als Zeugin aussagen. Die Frage, ob sie diese Fahne gesehen habe, beantwortete sie dann mit den berühmt gewordenen Worten: »Mer hat se g'sehe, aber au net g'sehe, schließlich wohnt mer hinte naus.«
So bildete die »Ammergasse 111« eines der fidelsten Quartiere in ganz Tübingen, obwohl es kaum Damenbesuch in diesem Haus gab. Dieser war zwar möglich, obwohl Imelda wegen ihrer »Reputation« ihn natürlich nicht gerne sah, er scheiterte aber in der Praxis daran, daß kein einigermaßen normales Mädchen bereit war, sich freiwillig in diesen Bau zu begeben, wo man schon im Treppen-

haus deutlich merkte, daß der löbliche schwäbische Grundsatz »A bißle Dreck isch g'sund« hier arg übertrieben wurde.

Der Gipfel des Tages wurde in der »Ammergasse 111« meist erst spät in der Nacht erreicht, wenn gefestet wurde. Oft wurden schon Schlafende von Feiernden geweckt und saßen dann im Pyjama mit Morgenmantel – was als Gesellschaftsanzug durchaus anerkannt war – in fröhlicher Runde um den Tisch der Wirtin. »Ergo bibamus. Laßt uns trinken!« hieß dann die Devise, und dazu erklangen die guten alten studentischen »Hits«. Aus tiefster Überzeugung schmetterte man »Ca ca geschmauset, laßt uns nicht rappelköpfisch sein!« und vor allem: »Der Herr Professor liest heut kein Kollegium, drum ist es besser, man trinkt eins rum.« Auf besonderen Wunsch Imeldas, die durchaus empfänglich auch für zarte Töne war, sangen ihre Herren auch oft für sie das schöne Silcher-Lied: »Nun leb wohl, du kleine Gasse, nun ade, du stilles Dach. Vater, Mutter sahn mir traurig, und die Liebste sah mir nach.« Imelda kamen dann manchmal die Tränen, denn sie hatte besonders an ihrem Vater gehangen und war schon früh Waise geworden. Eine schwierige Zeit bildete immer der November in Imeldas Haus, ein Monat, der auch normale Menschen leicht melancholisch werden läßt. Imelda aber setzte er trotz ihrer lebensfrohen Art immer mehr als anderen zu, weil in diesen trüben Monat die Todestage ihrer Eltern fielen. Ihr »Hausvogt« begleitete sie dann mitfühlend auf den Friedhof, und ihre übrigen Herren veranstalteten ein großes Festessen zur Überwindung der tristen Novemberstimmung. Von der Eintrübung durch die Todestage im November abgesehen, war aber stets Fidelität die Grundstimmung in der »Ammergasse 111«. Schwierigkeiten gab es freilich gelegentlich bei der Versorgung mit »Stoff«, wenn der »Rebstock« schon geschlossen hatte. Der Fund einer Flasche Wein in einem Eck wurde dann mit einer Freude begrüßt, wie sie zuvor allenfalls Heinrich Schliemann beim Schatzfund von Troja gehabt haben mag.

So vergingen die Semester, die Mieter wechselten, kamen freilich als gestandene Herren gern einmal wieder auf Besuch vorbei. Nur ihre »rechte Hand«, wie sie ihren anhänglichen Philologen nannte, blieb ihr treu, und dieser war es auch, der ihr zum Höhepunkt ihres Lebens verhelfen sollte. Imelda, die immerhin schon 60 war und bis dahin erst »zweimal in Stuttgart und einmal fast bis Heilbronn« gekommen war, ließ sich von ihrem »Verwalter« überreden, gemeinsam nach London zu fahren. Viele wollten es nicht glauben, aber Beweis für die Reise war ein etwas surrealistisch wirkendes Foto von Imelda, wie sie – auf dem Höhepunkt der Minirockmode betont »maxi«, oder wie manche weniger höflich sagten, in ihrer »Tübinger Sacklinie« – in der Carnaby Street posierte. Hochinteressante Reiseberichte gab es danach zu hören, und insbesondere vom Anblick des Meeres war Imelda überwältigt worden und meinte: »Stellet Se sich vor, kei Haus, kei Baum, kei Wiesle, nur Wasser, elles Wasser!« Und ganz erstaunt war sie, als ein Mieter darauf hinwies, daß auch die Ammer vor ihrem Haus in eben dieses Meer hineinlaufe und daß sie also das Wasser vielleicht schon vorher einmal gesehen habe. Die Engländer fand sie ganz drollig: »Zu de Klos saget se ›Lahdies‹, des isch doch gottesglatt«, erzählte sie noch lange jedem, der es hören wollte.

So verlief das Leben in der »Ammergasse 111« stets kurzweilig, aber auch strapaziös. Die meisten Mieter bekamen nach spätestens drei bis vier Semestern die Kurve und suchten sich eine bürgerliche Unterkunft, stiegen »in Schlot und schwarzem Frack« ins Examen, wurden Philister und sentimental, wenn sie an die »Ammergasse 111« dachten.

Zu einem letzten großen Fest wurde Imeldas 70. Geburtstag, zu dem etliche ihrer Herren von weither angereist waren. Von ihnen verabschiedete sie sich mit den goldenen Worten: »So, jetzt bin i siebzig Johr alt, onds Herz goht immer no ins Kinderschüle!«

Der Computerfreak

In einem Land, in dem man die Mark zweimal umdreht, bevor man sie dann doch nicht ausgibt, stehen Rechenkünste seit jeher hoch im Kurs, und es kann kein Zufall sein, daß der Württemberger Schickhard hier die erste Rechenmaschine der Welt erfand. Der Computer hingegen ist merkwürdigerweise keine schwäbische Erfindung, aber dennoch hat sich Baden-Württemberg zum Herzland der Computerindustrie in Deutschland entwikkelt. Dies ist freilich kein Wunder bei einer Regierung, die mit ihrem »chip chip Hurra« beinahe in elektronischen Wilhelminismus verfällt. Viele Nachwuchstüftler im Lande beschäftigen sich konsequenterweise nicht mehr mit Feinmechanik oder Elektrotechnik, sondern sind inzwischen umgestiegen auf Softwareprogramme oder, wie es ein ländliches Telefonbuch im südlichen Landesteil formuliert, zum »Softwarenhersteller« geworden.

Die größte Massierung von EDV-Intelligenz bei uns findet sich im Raum Böblingen-Sindelfingen, und dort gibt es auch schon den Computerfreak in Reinkultur, gewissermaßen als Vorstufe der digitalen Existenz. Für ihn ist alles programmierbar, und nach der Mechanisierung der Handarbeit ist sein Ziel die Automatisierung der Kopfarbeit, wobei er freilich seinen eigenen Kopf möglichst zu retten hofft. Nicht nur im Geschäft, sondern auch zu Hause von Computern und Bildschirmtext umgeben, hält er, den Kopf voller Programmierprobleme, von dem Brauch des guten alten »Schwätzle« mit seinen Mitmenschen, recht wenig. Dafür gratuliert er allen relevanten Persönlichkeiten, die er kennt, per Btx zum Geburtstag, natürlich jedes Jahr nach einem leicht variierten Text. Auch mit seiner Bank verkehrt er nur noch über den Bildschirm, und selbst die Bestellung der Opernkarten, an der ein normaler Mensch regelmäßig scheitert, überläßt er mit Erfolg diesem Medium. Bei Ballettaufführungen sinniert er dann darüber nach, wie man Computerprogramme für Choreographen aufstellen könnte, was dann die ideale Verbindung von high tech und high culture wäre, womit das Endziel unserer Kultur erreicht wäre. Kultur ist für einen echten Computerfreak eben erst faßbar, wenn sie EDV-bezogen ist, und deshalb war es für ihn eine Sternstunde der Weltliteratur als Hofstadters »Gödel, Escher, Bach« erschien. Diese Bibel der Computerkultur, die für ein normales, philologisch gebildetes Softhirn völlig ungenießbar ist, dürfte freilich kaum die Breitenwirkung der Luther-Bibel erreichen. Das ist für einen Computerfan aber nur ein Beweis dafür, daß die meisten Menschen nicht logisch denken können und für die digitale Gesellschaft, von der er träumt – in der nur noch binäre Ja/Nein- und Plus/Minus-Entscheidungen erfolgen –, noch viel getan werden muß.

Seinen Haushalt hat so ein Programmierungsbesessener natürlich vollelektronisch aufgerüstet. Alle Telefonnummern und persönlichen Daten seiner lieben Mitmenschen hat er gespeichert, und völlig verständnislos reagiert er, wenn ihm seine Mutter für seinen elektronisch aufgemotzten Haushalt einmal eine Eieruhr mitgibt. Aber die Mutter ist im Zweifel eben schon über 50 und damit Angehörige der Generation, die noch hofft, ohne die Segnungen des Computers durchs Leben zu kommen. Während unser Freak im beruflichen Umfeld und im Kreis seiner Spezi nur EDV-Fans um sich hat, die ebenfalls nur binär denken, ärgert er sich immer wieder darüber, daß sogar im Raum Böblingen-Sindelfingen, in dem es schon fast mehr künstliche Intelligenz als natürliche gibt, noch viele Menschen nicht so EDV-gerecht denken und handeln, wie es sich im Schatten der mächtigen Computerindustrie eigentlich gehören sollte. Da sind einmal die Urschwaben, deren ewiges »Sowohl-Als-auch«, einstmals charakteristisches Kennzeichen des schwäbischen Geistes, sein Computerhirn immer wieder aus der Fassung bringt. Hinzu kommen die aussterbenden Vertreter des Typus »Mensch mit Phantasie«, die er als Angehörige einer überwundenen Kulturstufe ansieht, weil sie in ihrem Denken unberechenbar sind und sich nicht in das Schema der EDV einfügen können.

Vor allem sind hier auch die Frauen zu nennen. Schon seit seiner Jugend weiß er, daß sie vom »handling« her viel komplizierter zu bedienen sind als die Computer mit ihrer übersichtlichen Tastatur. Umgekehrt finden manche

Frauen Computer nicht besonders sympathisch und geradezu penetrant logisch, was freilich nicht die einzige Erklärung dafür ist, daß es noch immer verhältnismäßig wenig weibliche EDV-Kräfte gibt. Auch ein Liebesbrief per Btx macht beim weiblichen Geschlecht nur wenige an, da er als gar zu unromantisch empfunden wird, zumal es noch keine rosaroten Bildschirme gibt.
Völlig konsterniert ist so ein programmierter Kavalier dann, wenn er die Dame seines Herzens zu den bei ihm so beliebten Computerspielen in die Wohnung einladen will, was etwa der Besichtigung der Briefmarkensammlung in früheren Generationen entsprechen mag, und seine Auserwählte ihm dann völlig unlogisch und weder digital noch analog nachvollziehbar erklärt: »Vielleicht.« Was fängt ein rechter EDV-Mann mit so einer Antwort nur an, da kann er sich ja gleich im »Salon d'amour« des Btx ein Mädchen suchen!
So merkt denn ein Computerfan spätestens auf dem Gebiet der Liebe, daß es noch Bereiche gibt, die sich füglich dem EDV-gerechten Denken entziehen, und dies wird hoffentlich immer so bleiben. Es zeigt sich somit, daß die Logik der EDV um eine Logik des Herzens ergänzt werden muß, will man zu einem menschlich befriedigenden Leben kommen. Diese Erkenntnis hatte freilich schon Blaise Pascal, der zwar auch ein großer Mathematiker und berühmter Erfinder von Rechenmaschinen war, aber eben auch ein religiöser Franzose – und kein Computerfreak.

Der Daimler-Arbeiter

Regierungen kommen und gehen – Daimler-Benz bleibt bestehen. So könnte man die erstaunliche Tatsache umschreiben, daß die Firma Daimler-Benz in den letzten hundert Jahren mit vier sehr unterschiedlichen politischen Systemen gut leben konnte und immer nur gewachsen ist. Qualitätsprodukte setzen sich eben besser durch als schlechte Politik. Die Strahlkraft des Mercedessterns hat den von Bethlehem bei uns längst übertroffen, und merkwürdig ist nur, daß der Stern von Untertürkheim nicht schon lange Eingang in das Landeswappen gefunden hat. Bei der Allmacht der Firma Daimler-Benz ist es auch nur logisch, daß sie die wirksamste Struktur- und Regionalpolitik im Lande betreibt, steht ihr doch für diesen Zweck auch mehr Geld zur Verfügung als dem Land Baden-Württemberg.

Dementsprechend gilt denn auch für die Arbeiter des Landes ein Arbeitsplatz bei Mercedes als die sicherste und bestbezahlte Tätigkeit überhaupt, und groß sind die Opfer und Entbehrungen, die Arbeitnehmer in Kauf nehmen, um »beim Daimler« zu schaffen. Bis tief in den Schwarzwald nach St. Georgen und fast bis in den Bodenseeraum reicht der Einzugsbereich des Werkes Sindelfingen, und schon morgens um drei stehen die Fernpendler auf und fahren weiterschlafend im Bus der immer noch harten Arbeit entgegen. Sie fluchen und würden doch mit niemandem tauschen, denn wo verdient schließlich ein guter Arbeiter so viel wie ein Lehrer und ist Lohnführer für das ganze Land. Da ist es zwangsläufig, daß den Handwerkern im Umkreis von fast 100 Kilometern die Gesellen davonlaufen; wie will auch ein ländlicher Polsterer oder Lackierer mit dem Riesen Mercedes in den Arbeitsbedingungen konkurrieren.

Schließlich hat der viel zu bieten, und zwar nicht nur gute Löhne, sondern auch eine gute Altersversorgung, Dividende, gutes Essen, Weihnachtsgeld, Belegschaftsaktien, mustergültige Sauberkeit im Betrieb und natürlich den Reibach mit den Jahreswagen, gewissermaßen ein Privileg der ohnehin Privilegierten. Auch wenn dieses Geschäft durch die Steuerreform nicht mehr ganz so lukrativ ist wie bisher, bleibt als Besonderheit zu verzeichnen, daß hier aus Gründen der württembergischen Staatsräson von Regierung, Verwaltung und Opposition eine steuerliche Bevorzugung toleriert wurde, die ihresgleichen sucht. So meinten schon böse Zungen frei nach Goethe: »Am Daimler hängt, zum Daimler drängt doch alles, ach wir armen.« Der zynische amerikanische Spruch: »Was gut ist für General Motors ist gut für die USA«, kann für Baden-Württemberg ganz objektiv und wahrheitsgemäß formuliert werden: »Was gut ist für Daimler-Benz, ist gut für Baden-Württemberg.« Deshalb wollen wir bei allen

Vorbehalten froh sein, daß diese Firma im Lande ist, wo ihre Produkte außerdem so zahlreich abgesetzt werden, daß man den »Mercedes« schon fast als den »schwäbischen Volkswagen« bezeichnen könnte. Wer Mercedes-Autos baut, möchte natürlich auch selbst eines fahren, und so pendeln viele Arbeiter nicht im Bus, sondern im eigenen Jahreswagen von ihrem Häusle nach Untertürkheim oder Sindelfingen.

Bei diesen guten Konditionen ist der Daimler-Arbeiter im Werk und privat seit jeher ein Arbeiteraristokrat, dessen Klassenbewußtsein meist nur noch insoweit vorhanden ist, als er sich als Klasse für sich empfindet. Trotz hoher gewerkschaftlicher Organisiertheit im Werk schwindet denn auch die Solidarität unter den Arbeitern; aber warum sollte es bei Mercedes-Arbeitern anders sein als in der übrigen Gesellschaft?

Obwohl es kein »Wir-Gefühl« im Werk gibt, ist der Daimler-Arbeiter seinem Unternehmen sehr verbunden, und oft arbeiten unter den deutschen Arbeitnehmern Großvater, Vater und Sohn im gleichen Betrieb. Weniger vornehme Tätigkeiten läßt man auch in Sindelfingen oder Untertürkheim gern die Ausländer, vor allem die Türken, machen, und auf manche Teile der Produktion könnte man stanzen »made in Germany by turkish hands«.

Der »Geist von Sindelfingen«, in der Vorstandsetage immer wieder beschworen, ist am Band ein Fremdwort, und unglaublich, aber wahr soll sein, daß die Fehlerquote im Werk Bremen geringer sein soll als in Sindelfingen. Dies bereitet nicht wenigen Sindelfinger Arbeitern Sorge, denn der echte Daimler-Arbeiter ist stolz darauf, daß in seinem Werk auch »die Kloine« mitdenken. Leider

schiebt er die Schuld für die Fehlerquote nicht nur den schnellen Taktzeiten am Bande zu, die für ihn einen bösen Dauerstreß bedeuten, sondern etwas vorschnell vor allem den Ausländern im Betrieb.

Die Bindung ans Werk steigt mit der Dauer der Unternehmenszugehörigkeit und wird entsprechend prämiert. Die Rituale der Jubilarehrung bilden denn ein großes Fest für die Belegschaft, und bei 25jähriger oder gar 40jähriger Firmenzugehörigkeit läßt sich »der Daimler« nicht lumpen. Der Aufwand für den Jubilar übertrifft bei weitem noch den einer Konfirmation, was im modernen Württemberg etwas heißen will, und seine Jubilarfeier vergißt ein Daimler-Arbeiter im Gegensatz zu seinem Konfirmationsspruch nie. In diesen festlichen Stunden aber vergißt der Geehrte die Mühsal des Schichtens, das sein Leben zerhackt und ihn oft sich als Menschen zweiter Klasse fühlen läßt; da gibt es für kurze Zeit einen Ausgleich für das gestörte Familienleben, das ihn bei Spätschicht die Kinder nur am Wochenende sehen läßt; da vergißt er die sozialen Einbußen im Dorf- und Vereinsleben und seine Schwierigkeiten, bei der Feuerwehr und beim Roten Kreuz mitwirken zu können. Während nämlich die Jungen und Ledigen die Normalschicht bevorzugen, sind es gerade die Älteren und Familienväter, die schichten, und zwar nicht nur wegen der paar hundert Mark, die sie dadurch mehr verdienen, sondern weil sie trotz aller Defizite gegenüber einer normalen Lebensführung doch mehr Zeit zu ihrer freien Verfügung haben. Nach der alten württembergischen Sitte der Arbeiterbauern, die das Land so manche Notzeit besser überstehen ließen als andere Regionen, treiben nämlich noch immer viele Daimler-Arbeiter eine kleine Landwirtschaft oder einen großen Garten um, bauen ihre Häusle selber oder machen sich anderweitig nützlich.

An dieser Doppelbelastung leiden mit zunehmendem Alter nicht wenige, auch wenn sie dieses Leben nicht aufgeben wollen.

Eines macht ihnen freilich zu schaffen, solange sie »beim Daimler« sind: das ist der barsche Ton mancher Meister, unter denen es wahre Tyrannen geben muß. Im Gegensatz zum öffentlichen Dienst und sogar zur Bundeswehr scheint man in der Industrie auf der unteren und mittleren Führungsebene häufig noch keine moderne Führungspraktiken anzuwenden. Manche Beobachter meinen, gerade darauf beruhe die höhere Leistung in der Wirtschaft, im Gegensatz zum Staatsdienst, was allerdings bedenklich wäre.

So hadert unter der Knute ruppiger Meister und der Belastung am Fließband auch der sonst zufriedene Arbeiter bei Mercedes immer wieder einmal mit seinem Schicksal. Aber wenn er sich wieder entscheiden müßte, er würde wieder »zum Daimler« gehen, denn in unserer Autogesellschaft steht der Autoarbeiter immer am ersten Platz der Industriearbeiter.

Doch die Entwicklung geht auch an Sindelfingen und Untertürkheim nicht vorbei, und schon gibt es in Sindelfingen eine gar noch vornehmere Adresse. So soll man dort beim Metzger gelegentlich schon hören können: »Bitte net so fett, mei Mann schafft bei IBM!«

Beim Friseur

Einen brauchbaren Arzt zu finden, war hierzulande auch schon vor der Ärzteschwemme nicht schwer. Um festzustellen, daß Gewicht und Blutdruck zu hoch und die Belastbarkeit zu gering ist, bedarf es auch keiner großen Kunst. Viel schwieriger ist es aber, einen guten Friseur zu finden, denn, um aus einem rechten schwäbischen Meggel einen profilierten Kopf zu formen, braucht man ausgesprochen kreative Fertigkeiten. Diese findet man kaum beim ländlichen Barbier, der nach des Tages Arbeit in der Fabrik noch geschwind ein paar Bauernköpfe stutzt und sich nicht beschweren darf, wenn ein Bauer am Sonntag nach der Kirche die Haare geschnitten haben möchte, weil er dann gerade sowieso im Dorf ist.
Man findet sie auch weniger bei den Kleinstadt- und Vorstadthaarbändigern, auch wenn sie so manchem Stenz zu prachtvollen Dauerwellen verhelfen. Die hohe Schule des Haarschneidens wird vielmehr in einem runden Dutzend exquisiten Salons in der Stuttgarter City zelebriert, die für das ganze Umland stilbildend, aber zum Glück noch nicht

preisbildend wirken. Knapp bei Kasse darf man nicht sein, wenn man zu so einem First-class-Friseur geht, denn »komplett«, d. h. mit Waschen und Trinkgeld, gehen schon so an die 40 DM für einen Besuch drauf, was sich kurioserweise mit dem Honorar für einmal Blutspenden im Katharinenhospital deckt. Freilich finanzieren nur die allergrößten Snobs unter den Stuttgartern ihre Friseurbesuche durch Blutspenden, was zur Ehre der Besucher dieser Friseure ausdrücklich gesagt sei. Hier trifft sich schließlich nicht irgendwer, sondern die formbewußten Herren der oberen Zehntausend, und es soll bereits als Zeichen des Aufstiegswillens junger Manager und höherer Nachwuchsbeamter gelten, wenn sie sich der Gemeinschaft derer anschließen, für die der gepflegte Messerschnitt gewissermaßen Teil der Weltanschauung ist, obwohl sie es sich im Grunde noch gar nicht leisten können.

So ein Nobelfriseur hat fast nur Stammkunden, denn Haarschnitt ist Vertrauenssache. Wie beim Arzt vereinbaren sie telefonisch ihre Termine mit seiner Rezeption, nur daß die Damen am Empfang viel damenhafter wirken als es Arzthelferinnen in der Regel tun, schließlich hat ein Exquisitbetrieb ja auch keine Kassenpatienten zu behandeln. Bevor sich der Salonbesucher unter das Messer begibt, kann er auch einen Blick in die ausgelegten Illustrierten werfen, was Bildungsbürgern häufig ein Alibi für ihre Illustriertenkenntnisse ist.

Im Lauf der Jahre entwickelt sich zwischen einem Friseur und seinem Kunden oft ein fast freundschaftliches Verhältnis. Er kennt den Beruf seines Besuchers und alle Besonderheiten seines Haarschopfes, den er immer wieder einmal gebührend lobt. Beim Spitzenfriseur kommen noch ein paar Extras dazu. Er weiß, wer nach dem stets sehr dezent durchgeführten Waschen den Kaffee, den es zur Belohnung für das Stillhalten gibt, schwarz, mit Milch oder Zucker, oder gar mit Milch und Zucker möchte, und das trotz der vielen von ihm betreuten Persönlichkeiten noch ganz ohne Datenbank. Er kennt auch die »Süßen« unter seinen Gästen und wartet ihnen zur rechten Zeit mit einer Praline auf. Ein Service, den man auf dem Dorf oder in der Kleinstadt vergeblich sucht, der aber auch seinen Preis hat. Die Kunden hingegen wissen um die Familienverhältnisse und Lebensgewohnheiten des Friseurs und honorieren seine in der heutigen Zeit einzigartige Betreuung mit einem guten Trinkgeld. Im Sozialismus offiziell verpönt, ist es bei uns noch ein wesentlicher Teil der Entlohnung des Friseurs, der allem Glanz der Salons zum Trotz zu den schlechtbezahltesten Berufen unserer Gesellschaft gehört und aufgrund einer unbarmherzigen Finanzverwaltung Trinkgelder auch noch versteuern muß. Eine unkonventionelle Lösung des Steuerproblems, das manchem ehrlichen Mann in diesem Stand zu schaffen macht, wäre es vielleicht, diesen Beruf aufgrund seiner unbestrittenen Verdienste um das allgemeine Wohl für gemeinnützig zu erklären, so daß dann nach bewährtem Muster großzügig Spendenbescheinigungen ausgestellt werden könnten. Noch aber ist es nicht so weit, und so ist es insbesondere den Starfriseuren hoch anzurechnen, daß sie, obwohl sie täglich das Messer am Hals der Großkopfeten haben, doch nur sehr zurückhaltend davon Gebrauch machen.

Dies hängt damit zusammen, daß gerade der Friseur

selbst meist ein liberal-konservativer Mensch ist, wie man ihn in Württemberg und vor allem in Stuttgart in allen sozialen Gruppen seit jeher häufig findet.
Der Friseur hat in der Regel sogar Wehrdienst geleistet, häufig allerdings »nur« bei den Sanitätern, die schon immer die Zufluchtstätte der Hilfsbereiten, und darunter nicht weniger Friseure, waren. Darin besteht eine durchgängige Übung vom kaiserlichen Heer bis zur Bundeswehr, was bei der Traditionspflege unserer traditionsarmen Armee merkwürdigerweise totgeschwiegen wird.
Obwohl so ein Haarmeister auf den Köpfen seiner Kunden höchst unterschiedliche Verhältnisse antrifft, von den Verhältnissen in den Köpfen ganz zu schweigen, bringt er binnen höchstens 40 Minuten das Kunststück fertig, jedem Kopf Charakter zu geben, was die Pädagogen oft in Jahren nicht schaffen. Da in unserer Zeit, zumindest jetzt noch, die Gesinnung eines Menschen an seinem Kopf und nicht in seinem Kopf abgelesen wird, ist dieser Effekt nicht hoch genug zu veranschlagen.
Die Leistung eines Spitzenfriseurs beschränkt sich aber keineswegs nur auf das Waschen der Haare, den Kaffee, die Pralinen und einen hervorragenden Schnitt, sondern auch auf eine angenehme, unverbindliche Unterhaltung, wobei ihm seine ländlichen Kollegen freilich nicht nachstehen, deren Salons insbesondere in den Stoßzeiten vor Ostern und Weihnachten bis in die Nacht hinein zum Klatschzentrum des Dorfes werden, was dem Friseur viel Takt und Diplomatie abfordert.
Der Stuttgarter Coiffeur weiß natürlich längst, wer VfB- und wer Kickers-Fan ist, und kennt selbstverständlich auch die bevorzugten Urlaubsziele seiner Klientel, zumal

er selbst viel reist, so daß es Ansatzpunkte für ein Gespräch genug gibt.
So ist der Besuch beim Friseur der „high society", aber auch beim »Normalfriseur«, zweifellos ein kulturelles Ereignis, nicht ganz billig, aber wenn man von den Stuttgarter Museen absieht, gibt es eben nirgendwo auf der weiten Welt etwas Wertvolles zum Nulltarif.
Wenn ein guter Friseur mit seinem Unterworfenen zufrieden war und vom langen Stehen noch nicht allzu müde ist, gibt er auch seinem Kunden ein kleines Bene mit auf den Weg, indem er unaufgefordert sich dessen Augenbrauen annimmt und sie auf ein bürgerliches Maß zurückschneidet; und wenn er seinen Haarpartner ganz fest ins Herz geschlossen hat, kommt es zuweilen zur größten beruflichen Gunsterweisung des Haarkünstlers, indem er sich ganz zärtlich an das Trimmen der Nasenhaare macht.
Auf diesem delikaten Feld, wie auch bei der schon jetzt gern in Anspruch genommenen Maniküre durch nette junge Damen in den großen Salons, sei dem modernen marketingorientierten Haarunternehmer geraten fortzufahren und zu passender Musik, wozu sich der Barbier von Bagdad, der Barbier von Sevilla und natürlich die Hochzeit des Figaro empfehlen, auch die Pediküre und die Bauchmassage in das Pflegeprogramm einzubeziehen. Vielleicht könnte ein Auszubildender dazu noch die Schuhe putzen, ein anderer die Ohren des zu Pflegenden reinigen und eine Kosmetikerin ein gekonntes Make-up auflegen.
Gerade Manager leben in ständigem Streß und würden solch eine kompakte Behandlung sicher zu schätzen wis-

sen, die überdies dem Trend zur ganzheitlichen Behandlung der menschlichen Probleme in der Medizin entsprechen würde. Nach einer knappen Dreiviertelstunde ginge der Kunde dann gestylt davon, und der Friseur erhielte ein noch höheres Sozialprestige als Vulkanisateur. Wer aber meint, das sei etwas gesponnen, der verkennt nicht nur die Zeitnot, sondern auch die Psyche des modernen Mannes, der in Beruf und Familie, umzingelt von emanzipierten Frauen, auch einmal richtig verwöhnt sein möchte. Dies geschieht, so traurig es ist, für viele Männer nur noch beim Friseur, den man daher durchaus in die Heilberufe einbeziehen muß, womit sich der eingangs gezogene Vergleich als richtig erwiesen hat, was zu beweisen war.

Der Trikotagenfabrikant

Es ist schon ein Phänomen: Die Textilindustrie auf der Alb lebt immer noch. Aller Konkurrenz zum Trotz wird hier gestrickt und gewebt, und von den Herstellern bekannter Nobelmarken mit mächtigen Konsulen an der Spitze bis zum Kleinbetrieb im Tailfinger Höfle ist man aktuell und modisch, und das seit Jahr und Tag.
Die »Stehbrunzhose«, welche die Feldarbeit der Frauen zu Anfang des Jahrhunderts noch spürbar erleichterte, ist freilich nicht nur wegen des Rückgangs der Landwirtschaft nicht mehr im Angebot. Andererseits sind Unterhosen für Männer, die nach den Forschungen der renommierten Kleiderforscherin Bischoff-Luithlen erst 1891 auf der Alb auftauchten und zunächst nur zögerlich Absatz fanden, inzwischen sehr weit verbreitet, und in Reutlingen soll es sogar Weltmänner geben, die sie täglich wechseln.
In einem Land, in dem es als hohe Tugend gilt, sein »Sach z'samme z'halte«, ist es nur folgerichtig, daß hier auch der Büstenhalter in seiner modernen Form erfunden wurde,

die Miederindustrie noch heute floriert und es in Heubach sogar ein Miedermuseum gibt. Fleißig nähen die Näherinnen in so manchem ehemaligen Wirtshaus die Hälterle und sind dabei meist so schlecht bezahlt und abgeschafft, daß ihnen die Lebensfreude der als »Grisetten« zum Begriff gewordenen französischen Kolleginnen oft schon in der Lehrzeit abgeht.
Je kleiner der Betrieb, desto kollegialer ist meist der Umgang mit dem Inhaber der Firma, wie es ja in Württemberg gute Tradition ist. Die Parole: »Zum Chef sagen wir ›du‹, wenigstens so lange, bis er in Konkurs geht«, gilt daher für so manchen Betrieb in Tailfingen, Ebingen und drum herum. Der Konkurs ist ein vertrautes Ereignis in dieser Region und kommt oft schnell und nahezu unverschuldet, wenn eine Kaufhauskette den Preis gar zu mörderisch drückt, die Ware gar nicht abnimmt oder die Kollektion womöglich zwei Jahre hintereinander keine Gnade beim Handel findet. Mancher Trikotagenfabrikant hat daher das Konkursmachen schon vom Vater her gelernt. Gut erfunden, wenn nicht gar zutreffend, ist daher auch die Anekdote, daß ein Meister einmal zu seinem Auszubildenden gesagt haben soll: »So, jetzt gehn wir aufs Amtsgericht und melden Konkurs an, damit du des au amol g'sehe hasch.« Hauptsache beim Konkurs ist, man lebt einigermaßen ordentlich weiter. Denn ordentlich leben will auch der Trikotagenfabrikant, und der alte Weberspruch: »Lieber Weber, hab Geduld auf Erden, im Himmel wirst du belohnet werden« erscheint ihm nicht mehr zeitgemäß. Wer will es ihm verdenken?
Sein Leben ist noch schwer genug, und man soll sich vom Glanz der großen Namen nicht blenden lassen. Für man-

chen kleinen Krauter in dieser Branche gilt die bittere Erkenntnis, daß man ohne Konkurs auf Dauer auf keinen grünen Zweig kommt. So sind die bekannten Marken, welche die Boutiquen schmücken, für viele kleine Hersteller nur ein Traum. Ihn zu realisieren, soll ein kleiner Fabrikant einmal auf nicht gerade alltägliche Art versucht haben. Überzeugt von der Anziehungskraft des Ausländischen, soll er sich in einem italienischen Telefonbuch einen neuen, zugkräftigen Namen herausgesucht haben, so daß es jetzt auch italienische Ware von der Alb'ra geben soll. Not macht eben erfinderisch und kennt bekanntlich kein Gebot.

Bei solch harten Lebensbedingungen ist es erklärlich, daß das kulturelle Gebaren der Trikotagenfabrikanten nicht allzu differenziert ist und dies auch für ihren Briefstil gilt. Zur größten Beleidigung im Leben eines hohen Stuttgarter Ministerialbeamten wurde es dann auch, als der damalige, aus Ebingen gebürtige Ministerpräsident Kurt Georg Kiesinger einen Brief dieses Karrierebeamten mit den Worten verwarf: »Sie haben ja einen Stil wie ein Trikotagenfabrikant.«

Andererseits gibt es ein untrügliches Zeichen für wirtschaftlich etablierte Trikotagenfabrikanten, bei denen sich der Wohlstand mit dem Erwerb eines Bildes des Pferdemalers Eckenfelder dokumentiert. Dessen »reelle« Kunst wird nicht nur in seiner Heimat Balingen und Wahlheimat München geschätzt, sondern auch darüber hinaus, insbesondere auch zum Beispiel in Albstadt, wo seine Darstellungen von Arbeitspferden fast symbolischen Charakter haben.

Wenn man davon ausgeht, daß es in Württemberg zum

guten Ton gehört, daß es einem eigentlich nie richtig gutgehen darf, und der Grundsatz »Lerne klagen ohne zu leiden« viele Anhänger nicht nur in der Wirtschaft hat, so fällt doch auf, daß die Trikotagenfabrikanten unter dem typischen Mittelstandssyndrom besonders leiden. Dieses Syndrom besteht darin, daß man einmal unter der hohen Gewinnbesteuerung leidet, andererseits in Anbetracht der hohen Löhne und sonstigen Produktionskosten, den internationalen Wettbewerbsverzerrungen usw. nur Verluste macht und von der Differenz auch noch leben muß.

So ist der schwäbische Trikotagenfabrikant ein sehr gestreßter Mensch und der Konkurs gewissermaßen immer ante portas. Diese Gefährdungen härten aber auch ab. Mögen die Chinesen und Philippinos noch so fleißig sein und für Hungerlöhne arbeiten, auf der Alb ist man ihnen noch immer eine Masche voraus gewesen, und dafür gebührt den Trikotagenfabrikanten letztlich unser aller Respekt.

Der Tüftler

Nicht nur der Landtag und die Landesregierung, selbst die Spatzen pfeifen es von den Dächern, daß Württemberg die Heimat der »Tüftler« ist. Das Auto und konsequenterweise auch die Zündkerze, der Zeppelin, der Düsenjäger, aber auch die Handbohrmaschine und sogar so liebenswürdige Dinge wie der Teddybär, wurden in diesem Lande erfunden, um nur ein paar, allen bekannte Produkte schwäbischer Hirne und Hände zu nennen.
So ist Württemberg nicht nur das Land der Dichter und Denker – mit seit dem 18. Jahrhundert eher rückläufiger Tendenz –, sondern vor allem auch das Land der Feinmechaniker und Ingenieure, und dies in eher noch steigendem Maße.
Die heimischen »Brettlesbohrer«, die auch vor den dicksten Brettern nicht zurückschrecken, lassen sich einerseits unterscheiden in »Ideal- und Jenseitsbohrer«, d. h. Schriftsteller und spekulative Philosophen wie Schiller, Hölderlin, Hegel und Schelling, um nur die prominentesten aufzuführen. Andererseits ist für den Alltag noch wichtiger die große Zahl der »Diesseitsbohrer« wie Gott-

lieb Daimler, Robert Bosch, Ferdinand v. Zeppelin, Max Eyth, Claude Dornier, Ernst Heinkel oder als Beispiel für die Gegenwart Artur Fischer. Dieser ist ein schwäbischer Erfinder und Unternehmer, der geradezu als Prototyp dieser Gattung Mensch angesehen werden kann und der mit seinen »Fischerdübeln« und vielen anderen Erfindungen die ganze Welt beglückt.

Eine typisch württembergische Spezialität, die heute leider nicht mehr vorkommt, bildeten in früherer Zeit Kreuzungen zwischen »Jenseitsbohrern« und »Diesseitsbohrern« in Gestalt von praktisch orientierten evangelischen Theologen wie dem berühmten Pietistenpfarrer Philipp Matthäus Hahn, der die Onstmettinger und Balinger Industrie gegründet hat und dessen 1989/90 zu seinem 250. Geburtstag und 200. Todestag in großen Ausstellungen an seinen Wirkungsstätten gedacht wird.

Von ähnlich ökonomisch orientierter Art waren seine landwirtschaftlich ausgerichteten Amtsbrüder Johann Friedrich Mayer aus Kupferzell, der »Gipsapostel«, der sich um die Hohenloher Landwirtschaft verdient gemacht hat, oder Johann Gottlieb Steeb, der auf der Alb den Esper als neue Futterpflanze einführte. Auch der legendäre Pfarrer Flattich, der seinen Aspergern ein »Haus-, Hof- und Schatzmeister« wurde, muß zu diesen Praktikern gerechnet werden, die sich für das leibliche wie das seelische Wohl ihrer Schäflein verantwortlich fühlten. Zu erwähnen ist hier auch Gustav Werner in Reutlingen, dessen »christliche Fabrik« leider ein Wunschtraum blieb.

Der moderne evangelische Theologe, der zum Unternehmer wird, um Arbeitslose einzustellen, oder sich zum EDV-Experten entwickelt, wird noch gesucht.

Ursache der Tüftelei im alten Württemberg war wohl hauptsächlich die Not im rohstoffarmen Land abseits der Verkehrsströme. Aber auch pietistische Empfehlungen, wie z. B. es gebe drei Wege zu Gott: durch die Bibel, das Gewissen und durch die Natur und das Forschen in ihr, ließen so manchen Schwaben mit der im pietistischen Alltag gestärkten großen Frustrationstoleranz zum Erfinder werden. Die letztere Methode hatte dabei den großen Vorteil, auch für das Diesseits etwas abzuwerfen, was dem Rechenhaften, das dieser Glaubensrichtung anhaftet, entgegenkam. So heißt es dementsprechend auch im Sprichwort: »Trachtet nach dem, was droben ist, und leant mir des, was do hunte isch.« Weiß Gott, eine praktische Religion, die irdische und überirdische Bedürfnisse auf einen Nenner bringt und geradezu zwangsläufig den Wohlstand im Lande nach sich ziehen mußte.
Während Not, die erfinderisch macht, im Lande längst nicht mehr vorhanden ist und in den deutschen Regionen, wo sie noch oder schon wieder herrscht, nicht zum »Tüfteln« führt, wirkt die »Durchsäuerung« des württembergischen Volkscharakters durch den Pietismus auch auf diesem Gebiet offensichtlich immer noch nach. Sonst wäre es kaum erklärlich, daß von bundesweit 2000 Erfinderberatungen im Jahr allein 800 auf Baden-Württemberg entfallen, und Baden-Württemberg unter allen Flächenstaaten in der Bundesrepublik mit Abstand bei den Patentanmeldungen führt. Wie die Alten sungen, so zwitschern auch die Jungen: 1988 gingen von sieben Bundespreisen des Wettbewerbs »Jugend forscht« drei an Schüler, Studenten und Auszubildende aus Baden-Württemberg. Kein anderes Bundesland heimste mehr ein.

Kein Wunder, daß der Staat sich längst der Erfinder und Tüftler intensiv angenommen hat und ihnen ein breitgefächertes Angebot an Beratung und Information bietet; die »Erfinderberatung« bei den Landesgewerbeämtern in Stuttgart und Karlsruhe sowie an elf weiteren Orten im Lande ist darunter die bekannteste. Auch die industrielle Umsetzung wird durch Finanzhilfen kräftig gefördert, und es bedarf also nur der zündenden Ideen. Freilich stellen sich diese nicht bei jedem so kontinuierlich ein wie bei dem Schwarzwälder Artur Fischer, der mit Erfindungen seit Jahrzehnten so erfolgreich ist, daß er sogar in die »Erfindergalerie« des Deutschen Patentamtes aufgenommen wurde. Davon können die Erfinder des »nichttropfenden Soßenlöffels« oder des »aufblasbaren Regenschirms« (ein letztlich noch immer ungelöstes Problem) nur träumen. Jeden Mittwoch kann man rund zwei Dutzend dieser Beinahe-Edisons in der Beratungsstelle des Landesgewerbeamtes in der Kienestraße in Stuttgart treffen, die schon seit 1909 besteht. Schüler, Studenten, Hausfrauen und Rentner, aber auch Handwerksmeister und andere Männer der Praxis wie etwa der Stuttgarter Friseur, der den »Haircurler« erfand und damit die Herstellung von Dauerwellen so hilfreich vereinfachte, finden sich dort ein. Wo das ganze Volk tüftelt, werden auch die Wissenschaftler angesteckt, und so ist die erste Mäusemelkmaschine der Welt akademischen Tüftlern der Universität Ulm zu verdanken, die damit ein dringendes Problem der Forschung lösten.

Mit welcher Leidenschaft sich selbst hochgestellte Persönlichkeiten hierzulande in Probleme der Tüftlerpraxis verbeißen, zeigt im übrigen das Beispiel des Stuttgarter

Regierungspräsidenten Dr. Bulling und seines Bemühens um die Quadratur des Kreises: Eine Spätzlesmaschine soll den Traum vieler, vor allem reingeschmeckter Hausfrauen, »handgeschabte Spätzle aus der Maschine« zu erzeugen, Wirklichkeit werden lassen. Dieses Problem beschäftigt den wackeren Regierungspräsidenten, der dennoch, wie man weiß, auch viel anderes im Kopf hat, immerhin schon seit vielen Jahren. Schon 1983 konnte er den »Spätzlesmeister« vorlegen und sogar ein richtiges Patent erwerben. Doch ein rechter Tüftler rastet und ruht nicht, und nach weiteren fünf Jahren konnte er sein »Spätzleswunder« präsentieren, einen Spätzlesdrucker aus spülmaschinentauglichem, hochwertigem weißen Polycarbonat, das sonst nur in der Raum- und Luftfahrt Verwendung findet. Mit 58 Spätzleslöchern bzw. Schlitzen, bei einem Preis von nur knapp 40 DM eine tolle Sache. Zwar meckern noch immer kritische Journalisten, aus manchen Schlitzen kämen nur »verdruckte Bandnudeln« und »bindfadendünne Würmle«, aber wer Dr. Bulling kennt, weiß, daß er dieses, im Vergleich zum Stuttgarter Flughafenausbau doch harmlose Problem noch lösen wird. Vielleicht bildet eine computergestützte Spätzlesmaschine mit einem ganz neuen »Spätzlesdesign« einmal die Krönung der Spätzleforschung des Hobbytüftlers aus Feuerbach.
Ob es ihm die schwäbische Hausfrau allerdings danken wird, ist eine andere Frage. Ist doch das Spätzlemachen, wie Thaddäus Troll bemerkt, ein schöpferischer Vorgang, zwar nicht so sehr wie das »Späzlemaschinenmachen«, aber doch immerhin ein kreativer Akt, den man der Hausfrau nicht nehmen sollte.

Der Ministerialrat

Der öffentliche Dienst des Landes kennt, wie der anderer Länder auch, noch immer den Typus des »mausgrauen Einheitsbeamten«, der heute freilich oft eine buntkarierte Hose trägt, treu und brav seinen Dienst verrichtet und sich abends genauso gottergeben dem Fernsehprogramm unterwirft wie tagsüber den Weisungen seiner Vorgesetzten. In den Stuttgarter Ministerien aber gedeihen orchideengleich seltene Arten der Beamtenschaft, die sich insbesondere dann voll entfalten, wenn sie einmal den Status eines Ministerialrates erklommen haben. So ein Ministerialrat Stuttgarter Art wohnt gern in Degerloch oder Sillenbuch im Eigenen, das meistens aber nur ererbt ist. Er kultiviert einen durch die Freude am Besitz gedämpften Zynismus und denkt wie jeder wahrhaft intelligente Mensch von Natur aus liberal, und das nicht nur privat, sondern weitgehend auch bei seinen Amtsgeschäften. Die gegenwärtige gesellschaftliche Lage findet er recht unübersichtlich und wünscht sich als Ideal einen liberalen, sozialen Staat, der konservativ genug ist, ihm alle Privilegien wie die Ministerialzulage und sonstige Errungenschaften des Beamtentums zu erhalten und seine beruflichen Kompetenzen nach Möglichkeit noch auszuweiten. So pflegt er im Amt einen loyal-kritischen Opportunismus und steht der jeweiligen Regierung nahe, was in Baden-Württemberg in den letzten Jahrzehnten freilich nicht viel Elastizität erforderte. Je nach Karriereeifer verhält er sich der Regierung gegenüber mehr oder weniger konstruktiv und engagiert sich insbesondere dann voll, wenn die Regierungsziele mit seinen fachlichen Plänen parallel laufen. Zu den politisch geprägten Senkrechtstartern, die durch ihren vorauseilenden Gehorsam gegenüber der politischen Führung zu erkennen sind, hält er Abstand. Überhaupt begegnet er seinen Kollegen mit großer Distanziertheit nach dem Motto »Jeder ist eine Insel«, und daß zwei Ministerialräte einmal miteinander per Du sind, ist völlig ausgeschlossen, auch wenn sie 20 Jahre in benachbarten Zimmern arbeiten, es sei denn, sie gehörten in Tübingen der gleichen studentischen Verbindung an.

Im Ministerium eine unangefochtene Autorität, lebt er mit seiner Familie oft in einem fruchtbaren Spannungsverhältnis, wie es selbstverwirklichende Ehefrauen und pubertierende Kinder eben so mit sich bringen. Aber warum soll es ihm auf diesem Gebiet besser gehen als anderen Männern, hat er doch in anderen Bereichen Vorteile, die seine Lebensqualität sehr erhöhen. Der Dienst beginnt für ihn regelmäßig erst um 9.00 Uhr, wenn andere Beamte schon das erste Mal vespern. Aber er hat deshalb keine Skrupel, seine Ansprechpartner wären ja vorher auch nicht da. Das frühe Aufstehen ist seine Sache

ohnehin nicht, und wenn er bei Dienstreisen vor 7.00 Uhr aufstehen muß, bleibt sein Denkvermögen den ganzen Tag gefährdet. Im Amt wirft er dann einen zweiten Blick in die Tageszeitung, da er beim Frühstück nicht alle Kapriolen der Landespolitik gleich erfassen konnte und genehmigt sich eine große Tasse Kaffee als Starthilfe, der im Laufe des Tages noch viele folgen werden. Wenn Voltaire seinerzeit 50 Tassen Kaffee pro Tag trank, um leistungsfähig zu bleiben, wird man einem hart arbeitenden württembergischen Ministerialrat von heute auch deren zehn zubilligen müssen. Dann fischt er aus der Eingangspost die Einladungen und Privatbriefe heraus und macht sich sodann daran, die Posteingänge in »Ausgänge« zu verwandeln. Etwa gegen 11.30 Uhr, wenn er sich schon auf die Mittagspause einstellt, benötigt der Minister plötzlich noch bis Mittag einen Vermerk, und in gesetzter Form fluchend über diese Störung, macht er sich an die Arbeit, die ihm nicht schwerfällt, gibt es doch im ganzen großen Land Baden-Württemberg niemanden, der mehr von seinem Fach versteht als er, was ihm in allen Lebenslagen ein recht stabiles Selbstbewußtsein vermittelt.
Nach dem Essen widmet sich der Ministerialrat dann dem Studium des Pressespiegels und gönnt sich ein Zigärrchen zu –,80 DM und natürlich eine Tasse Kaffee. Oft unterbrochen vom Telefon und Rücksprächeversuchen seiner Mitarbeiter, geht er dann an einen Redeentwurf für den Staatssekretär, was ihm Gelegenheit gibt, sein reiches Wissen auf seinem Arbeitsgebiet vorzuführen und seine fachliche Philosophie zu entwickeln, woran den Politikern, die gerne schlichte Strickmuster bevorzugen, oft gar nicht gelegen ist. Er wiederum beurteilt die Politiker

vor allem danach, ob sie gute Futterverwerter sind, das heißt, sich als Sprachrohr seiner Parolen gebrauchen lassen und sich willig seinem Sachverstand unterwerfen, oder ob sie, was freilich der Sache nicht immer förderlich, ihren eigenen Kopf benutzen und seine tiefempfundenen Ergüsse nur als Material verwenden. Gerne macht der Stuttgarter Ministerialrat zur Unterstützung der Verdauung nachmittags auch einen Spaziergang zum Landtag und kontrolliert gewissermaßen seine parlamentarischen Kontrolleure, die er in jahrelanger Erfahrung in nützliche und unnütze Abgeordnete zu unterscheiden gelernt hat, je nachdem, wie er sie für seine Projekte einspannen kann.

Schon neigt sich der Tag gegen Abend, und trotz des vielen Kaffees wird der Ministerialrat müde, hat er doch, was in keiner Dienstordnung und keiner Regierungserklärung vorgesehen ist, in vielen Telefonaten und Briefen eine große Leistung vollbracht, für die die moderne Verwaltungswissenschaft gar keine Begriffe mehr kennt und die dennoch das tägliche Brot der Ministerialbürokratie bedeuten, nämlich das »Kamieren« und die »Camouflage«. Darunter versteht der Eingeweihte das geschickte Ausweichen auf Angriffe und die optimale Darstellung der Regierungspolitik auch dort, wo sie nicht so glanzvoll ist. In einem kosmetischen Zeitalter wie dem unseren gehört Retusche eben auch zu den Staatsgeschäften.

Zum Glück treten Bittsteller und überhaupt das »Volk« meist nur schriftlich oder telefonisch im Ministerium in Erscheinung und nicht in Person, denn Bürgernähe ist nicht die Stärke des Ministerialbeamten, der diese Aufgabe gern den unteren Behörden überläßt. So setzt sich

ein rechter Ministerialrat auch nur höchst selten der Volksnähe aus, wie zum Beispiel bei einer Verwandtenhochzeit auf der Ostalb oder beim Fabrikverkauf von BOSS in Metzingen, dem Wallfahrtsort aller mode- und kostenbewußten schwäbischen Beamten, den sie regelmäßig im Frühjahr und im Herbst aufsuchen.
Den Abend widmet ein gestandener Stuttgarter Ministerialrat, wenn die Familie befriedet ist, der Kultur. Erstaunlicherweise weiß er immer, was im Fernsehen kommt, obwohl er im Amt stets beteuert, praktisch nie fernzusehen. In der Tat sitzt er auch abends oft genußvoll mit Auktionskatalogen auf dem Sofa, da das Sammeln von Ludwigsburger Porzellan sein großes Hobby ist, wie er überhaupt sehr fürs Feine ist. Er hat denn auch die »Zeit« nicht nur abonniert, sondern liest auch hin und wieder darin, was man ja nicht von allen ihren Abonnenten sagen kann. Gerne geht er auch auf den Dienstplätzen des Ministeriums in die Oper, wo er souverän genug ist, in der Pause das von der treusorgenden Gattin mitgegebene Vesperbrot auszupacken, da er, wenn er schon die Karten umsonst hat, nicht noch für das teure Buffet Geld ausgeben will, was in der Stuttgarter Oper auch durchaus toleriert wird. Da sein Gehör im Vergleich zum Verstand nicht allzu differenziert ist, liebt er vor allem kraftvolle Chöre und überhaupt viel »Action« auf der Bühne. Seine Lieblingsoper ist dementsprechend der »Troubadour«; Zigeuner sieht ein statusbewußter Ministerialrat eben am liebsten im Großen Haus, vor der Haustür mag er sie schon weniger. Im Rahmen der kulturellen Initiationsriten führt er seine Kinder zum 12. Geburtstag auch in den »Freischütz« und denkt bei der Wolfsschlucht-Szene immer

wehmütig daran, daß mit nur zwei diskreten Freikugeln seine Karriere ideal beeinflußt werden könnte. Doch gesetzestreu wie er ist, verwirft er den bösen Gedanken gleich wieder und vertraut auf den natürlichen Verschleiß seiner Vorgesetzten.
So ist der Stuttgarter Ministerialrat im und außer Dienst eine Stütze der Gesellschaft, die er zugleich belächelt, wie diese ihn.

Der Amtsrichter

Nach dem Selbstverständnis der Justiz soll es in der Gerichtsbarkeit des Landes von »herausragenden Richterpersönlichkeiten« vor allem bei den Land- und Oberlandesgerichten nur so wimmeln. Versteht man unter »herausragend« aber auch »auffallend«, so ist man gut beraten, diese Richter nicht bei den Mittel- und Obergerichten zu suchen, sondern auf der unteren Instanz bei den Amtsgerichten, wo es zwar auch keinen »Dodel« mehr, aber durchaus noch Originale gibt. Zwar ist auch in der Justiz im Zuge der wenigstens bis vor ein paar Jahren liberaler werdenden gesellschaftlichen Entwicklung der Maßstab lockerer geworden. Kein Richter muß daher heute bei seiner Beurteilung mehr fürchten, daß es ihm ins Wachs gedrückt wird, wenn er »abends gern warm ißt und seidene Krawatten trägt«, wie es einem Ulmer Richter um die Jahrhundertwende noch geschehen sein soll. – Gleichwohl nimmt es heute ein rechter Oberlandesgerichtsrat mit Mißbilligung zur Kenntnis, wenn der Kollege Amtsrichter sich abends in der Stuttgarter Schulstraße als Rollschuhfahrer betätigt und dabei auch noch hinfällt. Eine derartige Bürger-, um nicht zu sagen Bodennähe, sollte andererseits durchaus positiv gesehen werden, da die Justiz auf diese Weise einmal von ihrem Podest herunterkommt und sich demonstrativ auf die Ebene des kleinen Mannes begibt.

In einer Zeit, in der der öffentliche Dienst immer gleich- und stromlinienförmiger zu werden droht, ist es daher sehr erfreulich, daß wenigstens die Amtsrichter ihre richterliche Unabhängigkeit auch als persönliche Unabhängigkeit demonstrieren. Während an Gymnasien manche Schüler schon wieder mit Krawatte zur Schule gehen, wie es seit den frühen sechziger Jahren nicht mehr der Fall war, gibt es immerhin noch Amtsrichter, die im T-Shirt in den Gerichtssaal einmarschieren, und einen umgekehrten Striptease vollführen, bis sie schließlich wieder mit Robe die allmächtige Staatsgewalt verkörpern, was mit dem Würdebegriff der polizeilichen Zeugen immer wieder kollidiert. Ein Amtsrichter hat zu seinen grünen Helfern daher oft ein recht kritisches Verhältnis, und zwar nicht nur wegen solcher Stilfragen. Sei es als Spätfolge der »68er-Revolution«, sei es durch danach gewonnene eigenständige Erkenntnis, hat so mancher dieser Richter ein rechtsstaatlich besonders geschärftes Staatsbewußtsein und macht davon nicht nur am Stammtisch Gebrauch, sondern löckt auch immer wieder öffentlich gegen den Stachel. So kann man sich zum Beispiel kaum vorstellen, daß ein höheres Gericht einen Strompreisboykott wegen der Gefahren der Atomenergie für Rechtens erklärt, ein Amtsrichter aber kann das und tut das auch. Seine Auffassungen bei derartigen Entscheidungen sind nicht immer opportun, aber meist recht wohl begründet. Freilich gehen nicht alle Amtsrichter so weit wie der Gerichtsassessor eines kleinen ländlichen Amtsgerichts, das die Verwaltungsreform überlebt hatte, der einmal tollkühn formulierte: »Der Bundesgerichtshof vertritt in ständiger Rechtsprechung die Meinung, daß ... Das Amtsgericht X kann dem nicht folgen.« Hut ab vor solchen Richtern.

Der Ministerialrat, der entsprechend formulieren würde, »der Herr Ministerpräsident fordert seit Jahren, daß ... Das Referat X kann dem nicht folgen«, könnte gleich nach dieser Aussage Harakiri begehen.

So finden sich bei den Amtsgerichten die letzten unangepaßten Richterpersönlichkeiten im positiven Sinne, die ungebremst durch Kollegen wie in den Kammern und Senaten das Recht zum Teil noch aus der eigenen Brust schöpfen. Während die Staatsbürokratie in zunehmendem Maße auch Zyniker aufweist, finden sich hier noch Idealisten, die trotz des sisyphosgleichen Kampfes gegen eine ständig steigende Kriminalität noch an die Gerechtigkeit im Einzelfall glauben und ihrer Amtsführung unverwechselbare individuelle Züge geben. Da toleriert man den Amtsrichter am Großstadtgericht, der »für alle Fälle« stets eine geladene Pistole bei sich trägt, und der ländliche Anwalt nimmt in Kauf, daß der Prozeß etwas später angesetzt wird, weil der Herr Amtsrichter bei schönem Wetter gern die 35 Kilometer von seinem Wohnsitz zum Gericht mit dem Fahrrad fährt, was auch für manchen »Hektiker« in Wirtschaft und Verwaltung eine gute Schulung von Körper und Charakter wäre.

Tucholsky hätte seine Freude an den modernen schwäbi-

schen Amtsrichtern, die bei aller heute noch möglichen Progressivität im Dienst und nach Dienst streng gesetzestreu sind und nicht auf die Idee kämen, Kafkas »Prozeß« dem Finanzamt als Werbungskosten unterschieben zu wollen, wie es Referendare gelegentlich versuchen.
Die heutigen Richter sind denn auch die erste Richtergeneration in Deutschland, die nicht nur eine rechtsstaatliche Ausbildung erlebten, sondern auch eine rechtsstaatliche Praxis praktizieren dürfen. Dies hat offensichtlich weder ihnen noch ihren Rechtsunterworfenen geschadet und bewirkt, daß das Rüchlein, die Justiz diene in erster Linie dem Stärkeren, das den Gerichten bis 1945 immer wieder angehängt wurde, verschwunden ist.
Man wäre freilich nicht in Württemberg, wenn nicht auch die schwäbische Sparsamkeit bei den Richtern immer wieder durchblicken würde, die die Justiz in diesem Lande stets im besonderen Maße gekennzeichnet hat. Doch wird Gerichtsassessoren heute auf Fortbildungstagungen schon nicht nur Bohnenkaffee, nein, sogar auch richtiger Kuchen vorgesetzt, und nicht etwa nur Hefezopf, was füglich schon als gewisse Aufweichung und Üppigkeit konstatiert werden muß. Im übrigen mag die Knausrigkeit mancher Strafrichter bei der Vorstellung, sie müßten die Geldstrafen selber bezahlen, sich durchaus positiv für die Angeklagten auswirken. Wer schließlich den Bierpreis auf dem Cannstatter Wasen kennt, wird sicher auch Verständnis haben für den Stuttgarter Amtsrichter, der beim Volksfestbesuch des Gerichts auf halbem Wege an einer Wirtschaft aus der Straßenbahn ausstieg und schon einmal vorsorglich drei Halbe auf Vorrat trank, damit der Rausch nicht zu teuer wurde.

Die Spitzenkraft

Zu den auffallendsten Statussymbolen der Chefetagen von Wirtschaft und Verwaltung in Stuttgart und anderswo gehören die Vorzimmerdamen. Sie haben wegen ihres manchmal etwas herrischen Auftretens häufig einen schlechten Ruf, doch sieht man hinter die berufliche Maske, so erkennt man oft recht liebenswerte Mitmenschen. Viele haben schon eine gescheiterte Ehe hinter sich, von der aber in der Regel nur eine gut verheilte Narbe in der Brust zurückblieb, aber wie bei vielen nicht ganz freiwilligen Singles auch eine gewisse emotionale Leere. Diese wird aber nur selten bewußt empfunden, weil diese Frauen, wie viele nicht mehr ganz junge alleinstehende Angestellte, in ihrem Beruf aufgehen, was freilich weniger in ihrem Interesse als in dem ihres Chefs liegt. Durch ihre hohe Qualifikation ist so eine Sekretärin häufig schon recht früh ins Vorzimmer gekommen, was dann ihr Schicksal wurde. Rasch wurde sie zu einer »Spitzenkraft im Bürodienst«, wie es in ihrer Beurteilung heißt, und wenn auch alles meist recht artig zugeht, ist sie für ihren Abteilungsleiter oder gar noch höheren Arbeitgeber im Dienst die Ersatzfrau, und umgekehrt er ihr Ersatzmann, was sich in vielen kleinen außertariflichen Dienstleistungen niederschlägt. Sie meldet ihn beim Friseur und beim Arzt an, kocht ohne zu murren Kaffee, erinnert ihn an Geburtstage und andere private Termine und kennt seine Stärken und Schwächen oft besser als seine Ehefrau, zu der sie am Telefon ein betont freundliches Verhalten zeigt.

Als rechte Hand des Chefs genießt sie es, von der Belegschaft »flattiert« zu werden und registriert sorgfältig, wer ihr zum Geburtstag gratuliert, bei dem sie in ihren Glanzzeiten in Blumen ertrinkt und im großen Stil Sekt und Brötchen anbietet.

Einem Glas Sekt ist sie auch an profanen Werktagen selten abgeneigt, zumal der Arzt ihr sagte, daß dieser ihren labilen Kreislauf stütze. Wenn ein Spötter einmal meinte, »Sekt« sei von »Sekretärin« abgeleitet, dürfte er im Hinblick auf die moderne Büropraxis nicht ganz unrecht haben. Als echte Schwäbin findet sie aber nichts dabei, zum Champagner auch ein mitgebrachtes Gsälzbrot zu verzehren, was in einer Düsseldorfer oder Hamburger Vorstandsetage kaum toleriert würde, hierzulande aber sehr gut ins Bild paßt.

Der Tag beginnt schon früh für so ein Stuttgarter »Vorzimmer«. Zwischen 5.00 Uhr und 6.00 Uhr erhebt sie sich diszipliniert und fängt an, sich zu richten, was mit Haarewaschen und Make-up schon ein Weilchen dauert, denn sie legt Wert darauf, nicht nur guten Schmuck zu tragen, sondern auch selbst ein Schmuckstück zu sein. Eine Vorzimmerdame kommt immer daher wie »frisch aus dem

Schächtele« und wechselt jeden Tag das Blüsle, obwohl es noch ganz sauber ist, was in diesem Lande vor noch nicht allzu langer Zeit als »Hoffart treiben« bezeichnet worden wäre. Dann tuckert sie mit einem Gefährt ins Geschäft, das immer wieder einmal der helfenden Hand des Fahrers ihres Chefs bedarf, weshalb sie auch meist recht gut mit ihm zusammenarbeitet.

Im Dienst ist sie dann den ganzen Tag »total im Streß« mit Telefonieren und Besucherbetreuung, manchmal sogar einem bißchen Tippen und vor allem der diskreten Lenkung ihres Bosses.

Oft ist sie zu Notlügen gezwungen, wenn sie ihren Meister verleugnen muß, und man wird am Jüngsten Tag allen Chefsekretärinnen einen Ablaß gewähren müssen wegen ihres flexiblen Umgangs mit der Wahrheit im Interesse eines funktionierenden Betriebs. Im Büro hat so eine Dame den Laden meist perfekt im Griff, und kluge Mitarbeiter wissen sie ihrer Bedeutung gemäß zu behandeln. Umgekehrt hat sie ein untrügliches Gespür dafür, welche Leute im Kommen sind und wer im Abstieg ist, und weiß ihren Charme entsprechend differenziert von honigsüß bis essigscharf einzusetzen. Charmant ist so ein »Champagnerbembele« sehr und flirtet auch gern ein bißchen, wobei sie nur bedauert, daß die netten Männer im passenden Alter längst verheiratet sind und die übrigen aus gutem Grund keine Frau gefunden haben. Wenn ihr auch der Beruf keine Probleme bietet, so kämpft sie doch oft an zwei Fronten ausdauernd und vergeblich: gegen das Rauchen und das zunehmende Gewicht. Wie viele junge Frauen gewöhnte sie sich das Rauchen an, weil es als »in« und emanzipiert galt, und kam nicht mehr davon los. Gern tröstet sie sich mit einem Wort des Kultusministers Mayer-Vorfelder, nichts sei leichter, als sich das Rauchen abzugewöhnen, er schaffe das dreimal pro Woche. Doch allen Frauen im Büro sei die Zigarette gegönnt, ist es doch zumindest für Männer viel erträglicher, wenn Frauen rauchen, als wenn sie ihre Defizite durch ein Imponiergehabe à la Margret Thatcher kompensieren, und einen kleinen Halt im Alltag brauchen schließlich auch die vielen rauchenden Männer.

Auch auf der Waage kämpft sie einen nie endenden Kampf, weil »der Schoklad« abends ihr über manchen Kummer hinweghelfen muß. Sie ist damit nicht allein, denn das zentrale Problem aller Büroberufe in unserer Gesellschaft scheint bezeichnenderweise die richtige Diät und die optimale Figur zu sein. Fleißig tauschen daher die Bürodamen und viele ihrer männlichen Kollegen Diätrezepte aus, um schlank zu bleiben, und würde jemand ein Produkt erfinden, mit dem man ohne Mühe nachhaltig abnimmt und vielleicht dazu noch Steuern spart, er wäre im Handumdrehen Milliardär. So tröstlich es ist, daß unsere Bürowelt keine gravierenderen Probleme kennt als das Rauchen und die Figur, so bringt dieses Leben doch auch gesundheitliche Nachteile, was sich daran zeigt, daß nicht nur die Assistentinnen der Chefs in den Vorzimmern häufig sehr kreislauflabil sind, vor allem, wenn die berüchtigten Klimaschwankungen die Stuttgarter plagen.

Eine kleine Abwechslung im Büroleben sind ihr die Privatgespräche am Telefon, wenn es sich gerade einmal einrichten läßt, und der Chef nicht da ist. Dabei entwickelt sie sich oft zur Meisterin des dienstlich verursachten Privatgesprächs, indem sie Bekannte unter einem Vorwand anruft, um dann ein wenig zu plaudern. Dergleichen Schwächen machen die Vorzimmerdamen menschlich, und dies ist wohl auch der größte Vorzug aller Frauen in Wirtschaft und Verwaltung, in der kalten Welt der Konzerne und Ministerien noch Gefühle zu zeigen, während Männer dies allenfalls auf dem Fußballplatz noch tun dürfen. So gibt es auch unter den weiblichen Bediensteten trotz aller Rivalitäten eine gewisse Solidarität der Geschlechtsgenossinnen, und wenn zum Beispiel der Todestag von Mildred Scheel für die meisten Männer ein Tag wie jeder andere war, war dies für die Frauen doch ein einschneidendes, vieldiskutiertes Ereignis. Berücksichtigt man auch noch die ästhetische Wirkung der Frauen in der Arbeitswelt, so kann man füglich behaupten, daß die Feminisierung der Büros auch der erste Schritt zu ihrer Humanisierung war. Kam es doch durch die Frauen zu einer je nach Arbeitsplatz unterschiedlichen, latenten, aber immer wieder auch akuten Erotisierung im Dienst, worüber sich alle Angestellten und Beamten, die noch nicht ganz aus Holz sind, aber natürlich auch die weiblichen Mitarbeiterinnen selbst im sonst oft grauen Büroalltag freuen dürfen. Man sollte daher den gepflegten »Vorzimmern« für diesen Effekt sehr dankbar sein und darüber hinwegsehen, wenn sie einmal ihre Kompetenzen überschreiten und den Chef nicht nur unterstützen, sondern vertreten wollen. Leicht hat es so eine Frau schließlich nicht. Ist der Chef mittags endlich weg, ißt sie hastig einen Joghurt und sprintet in die Markthalle oder zum Supermarkt, um ihr Abendessen sicherzustellen. Denn abends kommt sie meist so spät aus dem Geschäft, daß die Läden schon zu sind und es oft mangels anderer

Gelegenheiten gerade noch zu einem Flirt mit dem Tagesschausprecher im Fernsehen reicht. Die Respektsperson im Vorzimmer, im Dienst von allen Seiten geachtet und umschwärmt, ist nämlich privat oft recht einsam, und die Wirkung des gemeinsamen Essens mit dem Chef in der Weihnachtszeit und der Blumen zum Geburtstag hält nicht lange vor, zumal, wenn er unterm Jahr darauf vergißt, was für eine Perle er im Vorzimmer hat und ihren Service gar nicht mehr wahrnimmt. Eine Spitzenkraft ist daher leider menschlich oft eine recht arme Wurst, freilich meist in einer sehr hübschen Pelle.

»D' heilig Sophie«

Im alten Württemberg spielte der Katholizismus in der Bevölkerung bekanntlich nur eine geringe Rolle. Mit der Erhebung des Herzogtums zum Königreich durch Napoleon kamen dann im Süden des Landes große Gebiete mit festgefügter katholischer Tradition hinzu. In diesen Regionen ist noch heute eine Volksfrömmigkeit anzutreffen, wie sie in der Diaspora im Norden und insbesondere im mittleren Neckarraum nicht vorstellbar ist. Dabei gedeihen im Schatten und Schutz der Kirche religiös geprägte Persönlichkeiten, deren Lebenszuschnitt für Großstädter kaum noch nachvollziehbar ist. Insbesondere finden sich hier immer wieder ältere Frauen, deren Lebensinhalt in der Arbeit für die Kirchengemeinde besteht und denen ihr Engagement dann den Ehrenspitznamen »d' heilig Anna«, »Imelda« oder eben auch »Sophie« einträgt.

Eine solche »heilige Sophie« stammt meist aus einer kinderreichen kleinbäuerlichen Familie, muß schon in der Jugend schwer im Elternhaus arbeiten und wird dann, wenn die Landwirtschaft zu wenig bringt, wie es hierzulande oft schon seit Generationen der Fall ist, in die Fabrik gesteckt. Im vorgerückten Alter, wenn die Arbeit zu beschwerlich wird, schafft sie dann gern noch eine Weile im Haushalt, bis der Rentenanspruch erreicht ist. Jede Familie kann froh sein, ein »lediges Fräulein« zu sich zu zählen, ist dieses doch oft die einzige Stütze in der Not, aber die Fürsorge einer »heiligen Sophie« geht weit über die eigene Familie hinaus und umfaßt fast die ganze Gemeinde.

Früh lernt so eine Frau die Kirche und den Gottesdienst als Alternative zum rauhen grauen Alltag schätzen. Als Jugendliche tritt sie in den Kirchenchor ein und ist bei jeder Kommunion, Firmung, Hochzeit und Beerdigung dabei. Oft ist sie auch eine gute Kuchen- und Tortenbäkkerin und liefert dann bis an ihr Lebensende gegen geringes Entgelt Torten und Kuchen für den ganzen Flekken, wenn eine Feier ansteht. Eine weitere kleine Einnahme ist für so eine »heilige Sophie« meist das Waschen der Kirchenwäsche; und wenn sie auch die Messe vor dem Zweiten Vatikanischen Konzil schöner fand, nimmt sie doch erleichtert zur Kenntnis, daß die Wäsche der Ministranten heute ohne die Spitzen leichter zu waschen ist als früher.

Auch die zunehmende Zahl der Diakone begrüßt so eine Aktivistin der Gemeindearbeit sehr, und in manchen Orten kann man den Diakon und seine »Sophie« wie St. Niklas und Knecht Ruprecht von Haus zu Haus gehen sehen, um Krankenbesuche zu machen. Dies tut sie besonders gern, denn sie ist keine »kalte Sophie«, sondern immer ein warmherziger, mitfühlender Mensch.

Allein auch das frömmste Herz ist vor Versuchungen nicht gefeit, und im Leben einer »heiligen Sophie« gibt es immer auch einen Punkt, wo die Versuchung in Gestalt eines Mannes an sie herantritt. Doch meist merken diese Bewerber rasch, daß die Sophies ihr Leben der Kirche geweiht haben, und da ein Mann immer als einziger angebetet sein will, gehen diese Versuchungen dann von allein wieder vorbei. Da die Sophies also nie einen Mann näher kannten – von den Enttäuschungen einer normalen Ehe ganz zu schweigen –, bewahren sie sich bis ins hohe Alter einen großen Respekt vor den Mannsleuten, was ihrer Achtung vor dem Herrn Diakon, dem Herrn Pfarrer und gar dem Herrn Dekan noch zusätzlich zugute kommt. Wenigstens mittelbar möchten sie aber doch an den Segnungen und Annehmlichkeiten des Ehe- und Familienlebens teilhaben, und so gestalten diese Sophies ihr Wohnzimmer gern zu einer Art bürgerlichem Sakralraum aus. Da finden sich dann im Buffet die Hochzeitsfotos der ganzen Verwandtschaft, schöne Farbaufnahmen der letzten drei Päpste und auch die Bilder der Nichten und Neffen. An der Wand hängt regelmäßig ein großes Kruzifix, umrankt von einem Rosenkranz, und oft eine eindrucksvolle Urkunde des Bischofs für 50jähriges Mitwirken im Kirchenchor.

So ist die Kirche bei ihr auch zu Hause immer präsent, und eine rechte »heilige Sophie« ist auch, wenn immer möglich, selbst in der Kirche anwesend. Sie geht nicht nur in die Vorabendmesse wie so viele, die am Sonntag ausschlafen, schwimmen oder Tennisspielen wollen, sondern sie ist selbstverständlich auch am Sonntag im Wortgottesdienst in der Kirche anzutreffen und natürlich auch bei allen sonstigen Gelegenheiten, vor allem an den von ihr so geschätzten Marienandachten im Mai.

Doch solch ein materiell betrachtet eher karges Leben hat, von den Höhepunkten des Kirchenjahres abgesehen, Gipfel der Fröhlichkeit, an die freilich ihre wenigen evangelischen Altersgenossinnen im Dorf, die sich im Bibelkreis zusammenschließen, bestenfalls mit Kopfschütteln denken. An der Fasnet lebt so eine »heilige Sophie« nämlich voll auf und führt dann da und dort mit dem Diakon sogar Sketche auf. Der Höhepunkt ist für sie erreicht, wenn der Herr Dekan an der »Werkvolkfasnet« sogar ein Tänzchen mit ihr aufs Parkett legt.

So gedeihen in vielen katholischen Dörfern – zu wirtschaftlichen Bedingungen, die eher unter als über dem Sozialhilfesatz liegen –, noch immer die »heiligen Sophies«, sind glücklich und zufrieden dabei und erleben ihr Dorf und die Kirche noch als Gemeinschaft. Aber auch in den südlichen Teilen des Landes zeigt diese bereits Auflösungserscheinungen und ist im Schwinden begriffen.

Von dem alles zermalmenden Aufklärer Immanuel Kant sagt man, er habe die Religion in seinen Werken zunächst für unmöglich erklärt, später mit Rücksicht auf seinen alten Hausdiener Lampe aber wieder eingeführt. Was für ein Motiv auch immer er dabei gehabt haben mag, er hat sich damit nicht nur im Hinblick auf den alten Diener, sondern auch auf die »heiligen Sophies« und ungezählte andere als sehr menschenfreundlich erwiesen.

Von schwäbischen Sammlern im allgemeinen und Petrefaktensammlern im besonderen

Sammler gibt es auf der ganzen Welt – von den Kopfjägern in Neuguinea bis zum harmlosen Bierdeckelsammler unserer Zonen. Sie alle haben einen Tick und wirken manchmal recht eigenartig, was sie aber gerade so liebenswert macht. Im Württembergischen gab es seit jeher viele Sammler aus Nützlichkeitserwägungen, wie weiland die wachsamen Roßbollensammler oder der berühmte Flaschner von der rauhen Alb, der bekanntlich nach der Devise lebt, »hier a Blechle, do a Blechle, z'letscht da langts a Scheißhausdächle«.
Ein guter Schwabe wirft eben nichts weg und verschenkt nicht gern etwas »unnötig«. P'häb sein gilt denn auch als Tugend eines guten Hausvaters, und so wundert es nicht, daß OB Rommel für Geschenke die Devise ausgab »Lieber 10 Minute g'schämt, als z'viel ausgebe«. Weit mehr als im Badischen verdankt denn auch in Württemberg so manches Museum seine Entstehung der Sammelwut eines Einzelgängers, und wenn Baden-Württemberg heute mit über 900 Museen das museumsreichste Land

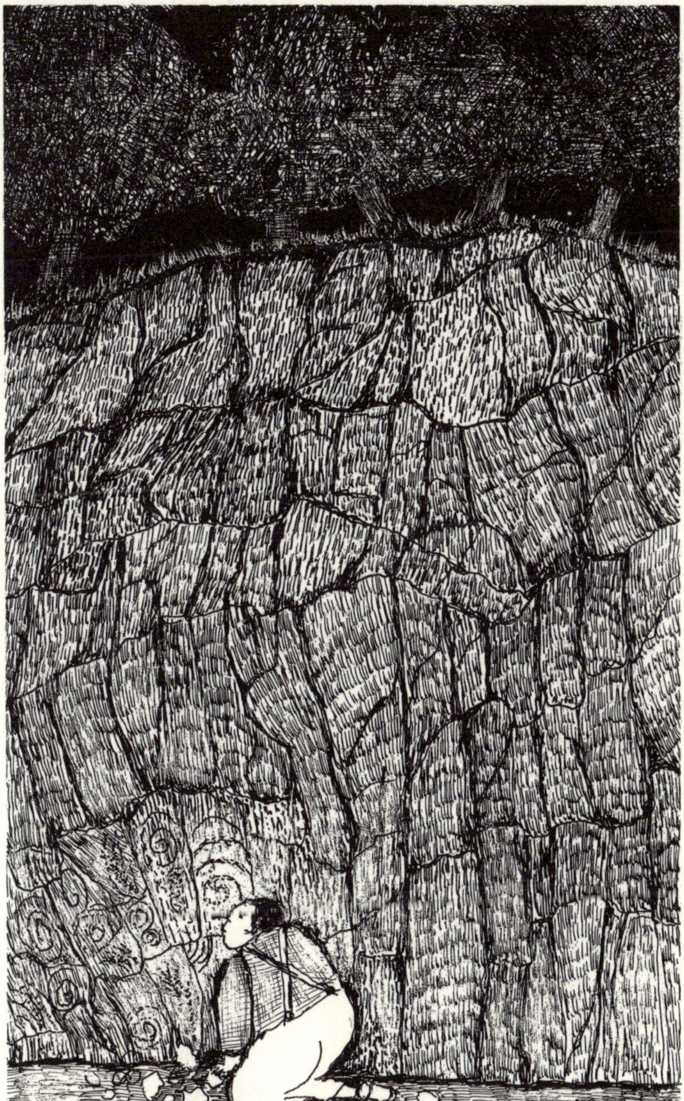

der Bundesrepublik ist, so kommt dies nicht von ungefähr. Die schwäbische Liebe zum Besitz, eine soziale Tugend, die das Land schon immer krisenfester machte als die übrigen deutschen Gaue, ist letztlich Frucht des Pietismus, der Wurzel des Wohlstands im evangelischen Württemberg. Psychoanalytiker meinen freilich ganz ketzerisch, der Pietismus habe eben im Seelenleben der Württemberger zu einer Störung im Verhältnis von Nehmen und Geben geführt. Wenn man die Tiefen der schwäbischen Sammlerseele mit Hilfe der Psychoanalyse ausloten würde, so diese bösen Zungen, käme man zu dem Ergebnis, daß der schwäbische Sammler häufig eine sogenannte analgeprägte Persönlichkeit im Sinne der Lehre Sigmund Freuds sei, wie sich aus seinem deutlich ausgeprägten Hang zum Horten ergebe. Diese Vorliebe entspreche dem »Verheben« des Stuhlgangs in der frühen Kindheit des Sammlers, das ihm nach einem kühnen Wort zu einem »Lustgewinn auf der Kotsäule« verholfen hätte.

In der Tat werden auch dem oberflächlichen Betrachter der Szene große Unterschiede zwischen echten Württembergern und zum Beispiel den mehr phallisch orientierten Tirolern auffallen, die, wie man weiß, lustig und froh sind, ihre Betten versaufen und auf Stroh schlafen. Ein Verhalten, das hierzulande früher vermutlich zum Ausschluß aus der Landeskirche geführt hätte.

Die Liebe zum Analen, die auch so manche Rede des Stuttgarter OB und nicht nur am Volksfest würzt, zeigt sich überdies nicht nur beim weltberühmten schwäbischen Gruß, sondern auch in solch zartfühlenden und zugleich wertorientierten Koseworten für die Geliebte wie

»mei Goldärschle« oder »Du goldig's Scheißerle« für ein besonders niedliches Kind. Hier tut sich der landeskundlichen Forschung noch ein weites Feld auf, das mutig beschritten werden sollte.

Eine Sammeltätigkeit, die infolge ihres fast wissenschaftlichen Charakters aber auch der böswilligste Psychobohrer den Schwaben kaum negativ anlasten würde, ist das Sammeln von Versteinerungen auf der Alb, das gute alte Petrefaktensammeln, das schon Mörike so anschaulich beschrieben hat:

> . . . »Auf dem Boden Hand und Knie,
> kriecht man fort – o süße Müh'!
> Und dazwischen mit Entzücken
> nach der Alb hinaufzublicken . . .«

Was von der Landesregierung in ihren Erfolgsbilanzen merkwürdigerweise noch gar nie herausgestellt wurde, ist, daß Baden-Württemberg zu all den übrigen Spitzenleistungen auch die meisten Versteinerungen im Lande hat, und zwar keineswegs etwa unter den Stuttgarter Bürokraten, sondern vor allem auf der Alb, diesem urschwäbischen Gebirge, dessen herbe Schönheit dem altwürttembergischen Volkscharakter so gut entspricht. So ist es vom lieben Gott sehr weise eingerichtet, daß der liebliche Breisgau und das Markgräflerland in Südbaden liegen und die Alb in Württemberg, und nicht etwa umgekehrt.

Die Alb ist das Paradies der »Hämmerleswanderer«, der Liebhabergeologen, die sich, wenn die Liebhaberei zur Leidenschaft wird, im altehrwürdigen »Steigenclub« zusammenfinden. Gar manch skurrile Erscheinung ist in diesem einzigartigen Verein von Hobbygeologen im Albbereich vertreten, aber immer im Rahmen der in Württemberg seit jeher ausgeprägten Toleranz gegenüber Sonderlingen. Von der Idyllik des Geologen, wie ihn Spitzweg gemalt hat, spürt man unter diesen Ammonitenjägern freilich nichts mehr, wenn bei offenen Grabungen der Kampf um die Beute beginnt, und ehrbare ergraute Schulmeister steigen dann ein wie Bundesligaprofis im Kampf um den Ball. Erstaunlich und psychologisch interessant ist, daß offenbar viele dieser Sammler eine fast körperliche Liebesbeziehung zu ihren Versteinerungen haben, sie an ihrem Bett aufbauen und sogar manchmal aus Ausstellungen zurückfordern, um sie über Weihnachten zu Hause zu haben.

Selbst vor gekrönten Häuptern macht hierzulande die Liebe zur Paläontologie nicht halt, und König Friedrich I. bezahlte 1816 seine Ausdauer beim persönlichen Überwachen von Ausgrabungen in Bad Cannstatt sogar mit dem Tode, da er sich in der naßkalten Grube eine Grippe zuzog, an der er verschied.

Als Kuriosität bleibt festzuhalten, daß Baden-Württemberg wohl auch den ersten Fossiliensammler der Welt aufweist, brachte doch ein neandertaloider Jäger von einem Streifzug einen fossilen Armfüßer aus dem Albvorland an seinen Untertürkheimer Rastplatz mit.

So ist das Sammeln eben eine Lust, eine Lust, die, worauf es in diesem Land besonders ankommt, nicht einmal Sünde ist, wenig kostet, was selbstverständlich genauso wichtig ist, und der im Gegensatz zu vielen anderen Lüsten bis ins höchste Alter gefrönt werden kann. Sammlerherz, was willst du mehr!

Die Dorfschulmeisterin

»Willst wissen, Du, mein lieber
Christ,
Wer das geplagtste Männchen ist?
Die Antwort lautet allgemein:
Ein armes Dorfschulmeisterlein.«

So hieß es in der Mitte des 19. Jahrhunderts bei dem tapferen Dorfschullehrer Friedrich Sauter alias Gottlieb Biedermeier, der einer ganzen Epoche den Namen gab. Er lebte, wie er in seinem 1845 veröffentlichten Gedichtband vermerkte, »anfänglich in Flehingen, dann in Zaishausen und als Pensionär wieder in Flehingen«, schildert strenggenommen also badische Verhältnisse. Doch kann man davon ausgehen, daß die württembergischen um kein Haar besser waren, und dies bis in die Gegenwart hinein, bevor großzügige Besoldungsreformen zur Überwindung des Lehrermangels den Lehrerberuf insbesondere auch für aufstiegswillige Frauen interessant machte. Der Dorfschulmeister von heute ist denn auch meist eine Dorfschulmeisterin. Sie lebt nicht mehr wie ihr Vorgänger Biedermeier »bei einem kargen Stückchen Brot, umringt von Sorgen, Mühe, Not«, sondern, wenn auch nicht gerade »herrlich und in Freuden«, doch meist in recht angenehmen Verhältnissen, vor allem, wenn sie »gut verheiratet« ist. Da eine Lehrerin schon in jungen Jahren eine gute Partie mit gesichertem festem Einkommen darstellt, wird sie auch gern von wirtschaftlich labilen Akademikern als Ehepartner geschätzt, und in so manchem Architekten- und Rechtsanwaltshaus sorgt die Ehefrau fürs »Regelmäßige«, was ihr freilich nicht immer gedankt wird. Geht's dem Manne aber gut, dann zieht sie sich bald auf den berühmten halben Lehrauftrag zurück, der als der »goldene Schritt« zwischen der »Frauenfrage« und dem Problem der arbeitslosen Junglehrer angesehen werden kann. Viele in vollem Brot befindliche Lehrerinnen kratzt dieses Problem freilich wenig, bis dann manchmal in der eigenen Familie der erste arbeitslose Jungpädagoge auftaucht.

Die typische moderne Dorfschulmeisterin ist heute eine sogenannte Teilzeitlehrerin. Sie geht locker an die Arbeit heran, legt Wert auf ihren freien Tag in der Woche und unterscheidet sich von den Lehrerinnen ihrer Kindheit nicht zuletzt dadurch, daß sie immer flott und gut gekleidet ist, während ihre männlichen Kollegen noch gern das beliebte »Volksschullehrerjäckle« aus Trevira tragen. Auch wenn der Weg nicht gerade weit ist, rauscht sie morgens lässig mit dem Familien-Mercedes in die Schule und parkt ihn ungeniert neben den Opel ihres Schulleiters, was in einer Behörde noch heute unverzeihlich wäre. Als positiven Umstand empfindet sie es, daß im Kollegium fast alle wie sie zwischen 40 und 50 sind, und sie sieht der kollektiven Vergreisung des Lehrkörpers dieses Landes infolge der restriktiven Lehrereinstellung mit Gelassenheit entgegen. Für ihre männlichen Kollegen hat sie nicht allzuviel übrig, da sie ihr oft etwas zu schlaff erscheinen und ja auch selten ein Pestalozzi, oder, was ihr noch lieber wäre, ein Belmondo darunter ist. Schon beginnen vereinzelt die Lehrerinnen im Stil der neuen Zeit den Männern die Plätze im Gemeinderat streitig zu machen, wenngleich das Orgelschlagen und das Dirigieren des Gesang- und Musikvereins noch oder schon wieder häufig in Lehrerhand ist, seit dies bei der Übernahme in den Schuldienst Pluspunkte bringt.

So begünstigt das heutige Beamtenrecht mit seinen Teilzeitmöglichkeiten einen Frauentyp, der in Beruf und Familie gleichermaßen seinen Mann steht und dabei fröhlich und vital zumeist auch noch ein gutes Familienklima schafft. Vergleiche bestätigen auch, daß die Männer in den Hausfrauenehen unter »Tätscht mir«-Aufträgen eher mehr zu leiden haben als bei halbbeschäftigten Ehefrauen, die fürs Gröbste meist eine Putzfrau haben oder gar eine Hilfe im Haushalt beschäftigen. Dieses Phänomen ist auch kein Wunder, da so eine Frau vormittags nicht nur vom Radio unterhalten wird, sondern in der Schule eine höchst lebendige »Ansprache« hat. Diese ist zwar bei den heutigen zivilisationsgeschädigten Kindern oft sehr stressig und war besonders belastend, als zu Hause noch kleine Kinder zu versorgen waren. Doch wenn diese aus dem Gröbsten heraus sind, macht einer modernen Pädagogin die Arbeit wieder richtig Spaß und der Beruf und der damit verbundene Verdienst geben ihr in der Regel ein gutes Selbstbewußtsein, das die üblichen Hausfrauenfrustrationen gar nicht erst aufkommen läßt.

Gut rechnen können die Dorfschulmeisterinnen meist nicht nur in der Schule, sondern auch im privatesten Bereich, sonst wäre es kaum erklärlich, daß der Mutterschutz einer Lehrerin auffallend häufig nahtlos an die großen Ferien anknüpft, was bei dem rollierenden System der Sommerferien einige Präzision erfordert; aber eine rechte Schwäbin verschenkt eben nicht gerne etwas, was ihr zusteht. Andererseits ist sie längst nicht mehr so »phäb« wie ihre Mutter und Großmutter und versteht vom »savoir vivre« mehr als all die Generationen von Dorfschulmeistern vor ihr. Dies äußert sich in ihrem gesamten Lebensstil, vom häufigen Essengehen angefangen bis zur völlig gesellschaftskonformen freudigen Bejahung des Konsums auf allen Gebieten, insbesondere von Textilien, falls sie finanziell nicht von der Versorgung ihres akademischen Gatten allzusehr aufgezehrt wird. Mit 40 spätestens steht ihr dann auch ein »Pelzle« zu – zu was schafft man schließlich auch?

Wie ihre Lehrerkollegen ist sie mit ihrem Gehalt recht zufrieden, denn »mehr als zwei Schnitzel am Tag kann der Mensch nicht essen«, und damit ist die Grundversorgung ja auch für so manchen anderen Bürger schon gedeckt, zumal für den Teil der Kultur, der durch die Gastronomie nicht abgedeckt wird, im ländlichen Raum ja noch die Vereine und natürlich das Fernsehen fast umsonst zur Verfügung stehen.

Von intellektuellen Problemen selten geplagt, geht eine solche Teilzeitkraft durchaus mit Liebe der Betreuung der Grundschüler nach. Sie ist ihnen beim An- und Auskleiden in der Sportstunde, aber auch im Unterricht eine rechte Ersatzmutter, wofür die männlichen Kollegen zwangsläufig weniger zu gebrauchen sind, weshalb man sie auch lieber bei den pubertierenden Knaben in der Hauptschule einsetzt.

Bei Berufsbeginn fürchtet die Junglehrerin die Elternversammlung noch mehr als den Schulrat, der sie nach der zweiten Dienstprüfung in Ruhe läßt, während ihr die Eltern erhalten bleiben. Später kennt sie jedoch die Verhältnisse in ihrem Dorf so gut, daß sie auch vor den größten Schreiern keine Angst mehr hat, zumal sie ihren Unterricht bald perfekt im Griff hat. Schwachstellen treten denn auch selten noch bei ihr, aber dafür um so mehr bei den Kindern auf, was der heutige Elterntyp meist schlicht für unmöglich hält. Günstig ist es dann, wenn sie schon so lange am Ort ist, daß sie ihre Kritiker darauf hinweisen kann, daß die gleichen Probleme schon bei ihnen selbst auftraten und sich eben immer wieder die alte pädagogische Weisheit bestätigt, daß man die Kinder erziehen kann wie man will, jedenfalls die Unarten der Erzieher immer von ihnen übernommen werden.

Hauptarbeitstag in der Woche ist bei der Dorfschulmeisterin ihr unterrichtsfreier Tag, an dem sie die Weichen für den Haushalt stellt, den Großeinkauf macht und den größten Teil der Unterrichtsvorbereitung trifft. Da genießt sie es, einmal ohne Kinder und Mann allein im Haus zu sein und wie eine ganz normale Hausfrau sich vom Südfunk oder Südwestfunk durch den Vormittag begleiten zu lassen. Diese Sender setzt sie auch geschickt für ihre Korrekturen, das Kreuz der Lehrerschaft, ein, die sie vorzugsweise während der Mittwochabendsendungen dieser Anstalten erledigt. Spezialistinnen wollen dabei herausgefunden haben, daß es sich dabei am besten korrigieren läßt, und auch Volksmusik soll als Geräuschkulisse sehr gut geeignet sein.

So ist die Dorfschulmeisterin heute zwar nicht mehr ein so wichtiger Faktor im Gemeindeleben wie früher der

»Herr Lehrer«, aber ein viel zufriedenerer, was sich nicht nur auf ihre Familie, sondern auch auf die Schüler auswirkt und vor allem auf sie selbst. Eine gesicherte Erkenntnis lautet denn auch: Es ist nicht gut, wenn ein Mensch gar nichts schafft, er sollte wenigstens (Teilzeit)-Lehrer sein.

Die Stuttgarterin auf dem Lande

Die Anna Schäufele aus Kaltental ist zweifellos die bekannteste Stuttgarterin. Doch darf man nicht übersehen, daß es neben ihr im Stuttgarter Kessel und vor allem an seinen Hängen viele attraktive und moderne junge Stuttgarterinnen gibt. Sie sind nicht mehr streng bürgerlich erzogen wie ihre Mütter, die noch genau unterwiesen wurden, was man tut und was man nicht tut, und zur überkommenen Liberalität des Stuttgarter Bürgertums kam in der Erziehung der Töchter noch die Verschiebung des Wertgefüges im Zuge der »68er Revolution«. Diese ist zwar formal gescheitert, hat aber letztlich mit ihren Gedanken doch die Gesellschaft nicht unerheblich in ihrem Sinne verändert, woran auch die gegenwärtige konservative Strömung nichts ändern konnte, da auf ein bißchen Lustgewinn auch die Konservativen nicht mehr verzichten wollen. In diesem Klima »wertkonservativer Progressivität« ist nun schon eine ganze Generation junger Stuttgarterinnen aufgewachsen. Sie betreiben ein Männermarketing ohne Tabus, und ihre Progressivität äußert sich nicht zuletzt auch in einer Kulturbeflissenheit, die sie zu allen Veranstaltungen treibt, die gerade aktuell sind. Es muß bei den sogenannten »Kulturfrauen« bekanntlich unterschieden werden zwischen den Kulturfrauen der Schwarzwälder Art, wie sie zum Beispiel in den Fichtenkulturen Baiersbronns arbeiten, und den Stuttgarter Kulturfrauen, die dort und anderswo zum eisernen Bestandteil kultureller Veranstaltungen gehören. Ihre Bedeutung für die Kunst kann nicht hoch genug veranschlagt werden, da ihr Auftreten oft noch wirkungsvoller und ansprechender als das der Künstler selbst ist. Eine solche Stuttgarterin liebt das Kulturleben ihrer Stadt, aber sie liebt auch die Männer, was freilich auch heute noch zur Ehe führen kann. Wenn sie dann einen entsprechenden Partner gefunden hat, zum Beispiel einen jungen Assistenzarzt, richtet sie mit viel Liebe und IKEA eine aparte Wohnung ein und behält im übrigen ihren Lebensstil bei. Der Assistenzarzt entwickelt sich manchmal zu so einem erfolgreichen Medizinmann, daß er zum Chefarzt eines der ländlichen Krankenhäuser gewählt wird, die ja allen Bemühungen der Landesregierung zum Trotz noch immer nicht ausgestorben sind. Seine Frau folgt ihm mit gemischten Gefühlen in die Provinz, da sie jetzt zwar einerseits Frau Chefarzt ist, andererseits aber Abschied von der Stuttgarter Kulturszene nehmen muß. Sie beschließt, aus der Not eine Tugend zu machen und auf dem Land als Missionarin für die Kultur des 20. Jahrhunderts zu werben. Obwohl inzwischen oft schon zwei Kinder da sind, gehen ihre kulturellen Bemühungen unaufhörlich weiter. Das Aquarellieren, mit dem sie einmal dilettierte, hat sie inzwischen wieder aufgegeben, aber hartnäckig, wie es

MARCEL PROUST

sich für eine rechte Kulturfrau gehört, hält sie an ihrem exklusiven Leseprogramm fest und liest neben anderen Büchern schon fast ein Jahrzehnt Marcel Prousts »Auf der Suche nach der verlorenen Zeit«, was ihr im Freibad und an anderen dafür geeigneten Lektüreorten schon großen Respekt einbrachte.

Ihr Mann baut nach einjähriger Chefarzttätigkeit ein Traumhaus im Grünen eines entlegenen Stadtteils, und für die Einrichtung ist jetzt nicht mehr IKEA, sondern Interlübke Trumpf. Die Stuttgarterin gewöhnt sich mühsam an das Leben im Dorf und verachtet die »Landbollen«, die in der Kittelschürze zum Einkaufen gehen, genießt es aber durchaus, von ihnen als Wesen höherer Art empfunden zu werden und demonstriert, wo immer es geht, eine hochstehende Lebensart.

Bald wird sie bei der Volkshochschule »Dozentin für kreatives Gestalten« für Kinder, was man früher schlicht als »Kneten und Malen« bezeichnet hat und läßt sich von ihrem Mann im Keller für viel Geld einen Töpferofen installieren, um eine Keramikproduktion aufzubauen. Mit Hilfe des Töpferns kann man ja 100 Jahre alt werden, denn an der Scheibe kann man nicht hudeln, und es ist nur schade, daß unsere Stuttgarterin und überdies viele Mitmenschen im unrastigen mittleren Neckarraum nicht öfters statt zu Valium zur Töpferscheibe greifen.

Zum Erstaunen des Landvolks bietet sie ihre Keramikerzeugnisse auch auf den Weihnachtsmärkten der Umgebung an, und die Dörfler wundern sich sehr, daß »Doktors« dies noch nötig haben; wahrscheinlich hätten sie halt doch zu groß gebaut.

Sobald ihre Kinder das Schulalter erreicht haben, erhält

die Stuttgarterin im Exil ein neues Betätigungsfeld, das ihrem Sendungsbewußtsein voll entspricht, und sie entwickelt sich zu einer militanten Elternbeirätin. Jetzt beginnt das zähe Ringen mit den behäbigen Landlehrern, die Kinder gerade noch in Kauf nehmen, aber auf Eltern gern verzichten würden. Heftig tobt der Kampf hin und her, und während die chronischen Schulschwierigkeiten ihrer Kinder von den Lehrern als typische Verhaltensstörungen von Akademikerkindern angesehen werden, ist die Arztfrau wie auch so manche ehrgeizige Mutter aus dem Dorf der Meinung, daß diese Probleme vom Zusammentreffen extrem hochbegabter Kinder mit extrem unfähigen Pädagogen herrühren, die Alice Miller nicht einmal vom Namen her kennen würden.
Auch auf anderen Gebieten der Schule wird sie zur großen Aktivistin und verstärkt den ländlichen Festlesbetrieb im Sommer, indem sie das Kollegium der Grundschule von einem Schulfest in das andere hetzt, schließlich läßt sich ja immer ein guter Zweck finden, dem das Ganze nützen kann. Doch gibt es im demokratischen Schulwesen unserer Tage Grenzen, an denen sich die engagiertesten Reformer die Zähne ausbeißen, und so gelingt es auch dem kämpferischen Elan einer solchen Stuttgarterin, trotz medizinischer Gutachten und intensiver Pressearbeit nicht, den Unterrichtsbeginn und vor allem den Busfahrplan zu ändern. Denn wenn auch im Schulwesen lange alles hinterfragt werden durfte, so hat sich doch vielerorts der Schulbus und seine Fahrzeiten als eine der wenigen unangreifbaren Einrichtungen im Lande bewährt.
Ihre kulturellen Verflechtungen nach Stuttgart hält die

Kämpferin für eine moderne Kultur auf dem Lande mit großer Mühe aufrecht. Sie leistet sich ein Abonnement im Großen und im Kleinen Haus und besucht auch noch die Ausstellungseröffnungen der Staatsgalerie. Dabei wird sie allerdings selten von ihrem gestreßten Mann begleitet, häufiger sind es Damen aus ihrem neuen Freundeskreis, der aus den Honoratiorenfrauen ihres Städtchens besteht. Wichtig ist, daß diese noch nicht zur »Mutti« geworden sind, sondern sich etwas »Pep« bewahrt haben, und sei es nur über die exklusive Boutique in der Kreisstadt.

Neben der Lokalzeitung, die sie zunächst mit Amüsement, dann mit wachsender Neugierde las, hält sie mit Ausdauer auch an der »Stuttgarter« fest, obwohl ihr trotz vieler Besuche aus der Landeshauptstadt und ihrer Kulturwallfahrten dahin allmählich der Überblick über die dortige Szene verloren geht. Nach fünf, sechs, spätestens sieben Jahren schließlich resigniert sie und bestellt die »Stuttgarter« und die Theatermieten ab. Dann wird sie schließlich selbst zu einem »Landbollen«, allerdings zu einem kultivierten, indem sie nicht in der Kittelschürze, sondern im schicken Hosenanzug zum Einkaufen geht und die Lektüre von Marcel Proust lebenslänglich nicht aufgibt.

Der Weingärtner

»Ein Wirtemberger ohne Wein,
kann der ein Wirtemberger sein?«
Friedrich Schiller

Württemberg und die Württemberger ohne Wein, das kann man sich wahrlich nicht vorstellen, und daher genießt auch der Wengerter oder Weingärtner eine besondere Stellung unter allen Berufen.

»Der Wengerter hat schlechte Waden, breite Füße, eine braune Gesichtsfarbe und einen gekrümmten Rücken, Kopf und Brust nach vorwärts gebeugt. Er ist mager und sieht etwas herabgekommen aus. Rote Wangen hat er nie. Es gibt auch keinen geplagteren Menschen als einen schwäbischen Weingärtner ... Stets sieht man ihn, die Hacke in der Hand oder den Butten mit schwerer Last auf dem Rücken, Erde aufhackend oder von einer Stelle zur anderen tragend, dann versieht er wieder die Stelle des Maurers und verbessert die kleinen Mauern ... Ein Weingärtner in Württemberg ist daher stets ein Muster von Geduld ... Vermögen ist nie viel da. Denn ein Mann kann nur wenige Weinberge zur Genüge besorgen, weil sie zuviel zu schaffen machen. Seine Wohnung ist eine kleine Hütte, ein Zimmer mit einer Kammer daneben,

und in diesen beiden ein Tisch, ein paar Stühle und ein Himmelbett, worin zur Not die ganze Familie Platz hat. Im Stall meckert eine Geiß, und ist vollends noch eine Kuh da, so ist der Reichtum nicht gering.«
So schildert Carl Theodor Griesinger vor 150 Jahren das Leben der württembergischen Weingärtner, deren bekannteste Vertreter, die Tübingen Gôgen, zugleich die Ärmsten der Armen waren; nicht von ungefähr zeichnete sie ein sarkastischer Humor aus. Allen Klagen zum Trotz ist festzustellen, daß es dem Weingärtner in unserer Zeit viel besser geht, wozu auch seine pflegliche Behandlung durch das Finanzamt beitrug. Er ist heute eine durchaus bürgerliche Existenz und hat zu Hause nicht nur ein Scheckbuch sondern auch andere Bücher, die er auch liest. Auch in Statur und Physiognomie unterscheidet er sich nicht mehr sonderlich von seinen Mitmenschen, wenn man davon absieht, daß ihm die Knitzheit oft aus den Augen schaut. Ja, sogar rote Backen hat er, zumal er seinen Wein auch selbst genießen kann und nicht mehr in der Not verkaufen und sich mit Most begnügen muß wie noch im 19. Jahrhundert. Ein Muster von Geduld aber ist er heute noch, und harte Arbeit gibt es zum Beispiel in den Steillagen Hessigheims oder Roßwags nach wie vor zur Genüge. Aber auch bei uns profitiert der Weingärtner von Flurbereinigung und moderner Technik. Vor allem seit dem Ende des Zweiten Weltkrieges entwickelte er sich vom Hungerleider, wie ihn Griesinger schilderte, zum Weinbautechniker und Betriebswirt. Im früheren Stall steht denn auch keine Geiß oder Kuh mehr, sondern ein Daimler-Kombi.
Der einst »notleidende Weingärtnerstand« hat am Auf-

schwung nach dem Krieg weit mehr teilgenommen als der ackerbauende Landwirt. Das in Württemberg besonders stark ausgebaute Genossenschaftswesen nimmt ihm die Sorge um den Absatz und den Preis, die dem Weingärtner in früherer Zeit schwer zu schaffen machte. Moderne Kellereitechnik der Genossenschaften verbesserte erheblich die Qualität des »Württembergers«, der noch immer zu über 90 Prozent im Lande getrunken wird. »Früher wollte ihn keiner, und jetzt geben wir ihn nicht mehr her«, meint der Weingärtner dazu stolz. Selbst auf die Fürbitte zum hl. Urban, dem Patron der württembergischen Weingärtner und einzigem Heiligen, den die protestantischen Württemberger akzeptieren, kann der Weingärtner heute im mittleren Neckarraum verzichten. Die Gefahr von Spätfrösten ist in vielen Lagen relativ gering, und im Gegensatz zu den sechziger Jahren, als Rauchschwaden ganze Täler vernebelt haben, beheizt er seine Weinberge nicht mehr. Der württembergische Weingärtner ist stolz auf die lange Geschichte der Weinbauern im Land, dennoch vernimmt er nur noch mit Gruseln die Kunde, daß unter Herzog Christoph in Stuttgart 1552 neun alte Weiber als Hexen verbrannt wurden, um den Mißwuchs zu bekämpfen, was ihm heute doch zu weit ginge. Dies wirkte allerdings hervorragend, denn alsbald trat warme Witterung ein, und die Reben schlugen wieder aus. So wichtig war Herzog Christoph der Wein, daß er sogar schon damals den Neckar schiffbar machen wollte, um die Ausfuhr zu erleichtern. Insgesamt ist die Bedeutung des Weinbaus zum Leidwesen der Weingärtner bei uns seit dem 16. Jahrhundert, der »Hauptzechperiode des deutschen Volkes«, erheblich zurückgegangen.

Aber noch um die Jahrhundertwende hatte Württemberg die größte Wirtshausdichte unter allen deutschen Staaten, was nicht davon herrühren dürfte, daß der Schwabe angeblich gern allein am Tisch sitzt, sondern davon, daß die Weinkultur den Brauch herausbildete, kleine Wirtschaften zu besuchen, ein Schwätzle zu halten und dazu ein Viertele zu schlotzen.
Erhalten hat sich unter den Weingärtnern seit alter Zeit das Bewußtsein, ein besonderer Stand zu sein. Solidarität wurde und wird groß geschrieben, was den Aufbau des Genossenschaftswesens sehr erleichterte und Württemberg zu einem genossenschaftlichen Musterland machte.
Auch die gute Beobachtungsgabe der Weingärtner hat sich vererbt. Mit hellem Verstand betrachtet er die Vorgänge in der Natur. Fast mehr noch als der Landwirt hängt er an seinem Beruf. Er päppelt seine Reben mit Liebe auf und bastelt oft fast wie ein Mechaniker an seinem Weinberg herum. Wird es ein guter Jahrgang, sagt er stolz: »Den hen mer nobrocht«, während er bei schlechteren Qualitäten scheinbar resigniert anmerkt: »So hat en der Hergott wachse lasse.« Freilich überläßt er seinen Wein nicht den Launen der Natur, und wer ihn wegen des »Spritzens« anmeckert, dem antwortet er wortkarg wie er ist: »Ohne spritzen keine Ernte.« Heftig kann er werden, wenn er auf Wettbewerbsverzerrungen in der EG zu sprechen kommt; wenn ihm zum Beispiel ein Spritzmittel verboten wird, das anderswo erlaubt ist. Aber Heftigkeit ist sonst nicht seine Art. Der Wein mildert jedes Gemüt, und so kann gesagt werden, daß der württembergische Wein im Alltag die wirksamste Linde-

rung der pietistischen Strenge in der Lebensführung darstellte, obgleich viele Weingärtner selbst Pietisten waren und sind.

Zu welcher Gemütsruhe der Genuß des Trollingers führt, bewies der Heilbronner Oberbürgermeister Dr. Weinmann, der deutschen Schriftstellern, die gegen die Pershing-Raketen auf der Waldheide demonstrierten, empfahl, auch mal einen »hinter die Binde zu gießen«. Die Heilbronner verübelten ihm dabei, im Gegensatz zu den Schriftstellern, nur, daß »zum Gießen« ihr guter Wein doch eigentlich zu schade sei.

Der württembergische Weingärtner ist wie jeder echte Schwabe ein zurückhaltender Mensch. Im Herbst jedoch erhebt sich sein Herz, wenn die Weinlese, »das Herbsten«, beginnt, und der Weingärtner den Lohn für seine Mühe ernten kann. Fröhlichkeit erfaßt dann seine ganze Familie, und die Lese führt zu Tagen gehobener Stimmung, wie sie sich wohl in wenigen anderen Berufen mehr einstellt.

Im Winter hätte der Weingärtner eigentlich etwas Muße, denn die Zeit, in der es hieß, der Weinberg wolle seinen Herrn jeden Tag sehen, gilt dank den Errungenschaften der Technik nicht mehr. Muße aber war und ist ein Fremdwort in Württemberg, was sich auch daran belegen läßt, daß selbst gute Stuttgarter Sekretärinnen diesen Begriff beim Diktat auf Anhieb selten richtig schreiben. Auch der Weingärtner gönnt sich keine Muße, denn jetzt »lauft der Besen«. Räumte er vor ein paar Jahren dafür noch sein Schlafzimmer aus, um es gleich nach der Saison frisch tapezieren zu müssen, dann hat er sich heute dafür besondere Räume eingerichtet, die nach Weihnachten für ein paar Wochen oder Monate zum Schauplatz volkstümlicher Geselligkeit in rustikalem Rahmen werden. Standesunterschiede wurden in Württemberg nie sehr betont, der »Besen« aber ist geradezu eine egalitäre Einrichtung, die eine uralte Tradition hat und schon von Karl dem Großen nachhaltig gefördert wurde. In der Besenwirtschaft lernt auch der Cola- oder Biertrinker den Wein zu schätzen, und mancher trockene Bürokrat wird hier geradezu von dionysischem Geist erfüllt.

Schwierig ist es, in den »Besen« hineinzukommen, weil er meistens rappelvoll ist, und schwierig ist es auch, wieder herauszukommen, weil Kopf und Beine dann manchmal unterschiedliche Wege einschlagen wollen. In der Zwischenzeit aber erlebt der Gast ungetrübten Genuß von seltener Originalität. Hier gibt sich auch der Großkopfete »bürgernah«; es bleibt ihm aber bei der Enge des Raumes auch gar nichts anderes übrig. Der Besenwirt kennt seine Kunden, und wenn das Telefon läutet, fragt er vorsorglich seine Stammgäste, ob sie auch »offiziell« da seien, um Pannen zu vermeiden. Allen Wünschen aber kann auch ein gewiefter Besenwirt nicht gerecht werden. So staunte ein Wirt nicht schlecht, als eine verwöhnte Stuttgarterin ein Schmalzbrot bestellte und hinzufügte: »Aber bitte net so fett!«

Der Bauer

»Des Bauern Arbeit ist am
fröhlichsten und voller Hoffnung.«
Martin Luther

Diese Aussage Luthers, die angesichts der damaligen Bauernkriege erstaunlich ist, ist in unseren Tagen schlichtweg falsch. Einen »fidelen Bauern« gibt es weit und breit nicht mehr, auch wenn sich viele Landwirte einen urwüchsigen Humor bewahrt haben. Schon die Bezeichnung »Bauer« muß im württembergischen Kernland als recht schmeichelhaft, um nicht zu sagen als hochgestochen angesehen werden; war der Landwirt doch durch die Realteilung gezwungen, sein Leben meist als Kleinbauer, als »Bäuerle« zu fristen, und entsprechend waren seine Lebens- und Wirtschaftsformen, die von Kargheit und harter Arbeit gekennzeichnet waren.

Bis in die fünfziger Jahre hielt die althergebrachte Leiterwagenidylle an, wobei die Gemächlichkeit der Kuh das Tempo in der Landwirtschaft bestimmte. Wer diese Zeit erlebt hat, wird ihrer nicht nur nostalgisch gedenken, war sie doch zugleich für die Landwirte ökonomisch höchst unbefriedigend. Danach begann mit wachsender Geschwindigkeit die Mechanisierung und Chemisierung der Landwirtschaft, die den Bauern auch zum Mechaniker machte und sein natürliches Mißtrauen gegen den »künstlichen« Dünger rasch beseitigte. Neue Züchtungen auf tierischem und pflanzlichem Gebiet erleichterten das Leben der Bauern und verbesserten die Erträge. Auch die Technik wurde immer besser und aufwendiger. Vorbei war die Zeit, in der »im Märzen der Bauer sein Rößlein einspannt«. Das Rößlein wurde zum »Dieselroß«, und auf einer Kinderschallplatte heißt das Lied jetzt »Im Märzen der Bauer den Traktor abschmiert«. Viele Bauern verließen die Enge der Dörfer und kleinen Städte, siedelten fern der alten Dorfgemeinschaft in Aussiedlerhöfe draußen auf der Flur und nahmen eine hohe Verschuldung und Isolierung in Kauf. Die Flurbereinigung – oft unter großem Gezeter durchgeführt – machte das Wirtschaften rentabler, wenn auch nicht rentabel. Kunstdünger und Pflanzenschutz steigerten die Produktion, und so stieg zum Beispiel der durchschnittliche Weizenertrag von 1950 bis 1985 auf fast das Zweieinhalbfache, eine Steigerung, wozu zuvor von 1800 bis 1950 eineinhalb Jahrhunderte notwendig gewesen waren. Damit verbunden ist eine schleichende Vergiftung der Böden, die erst in der Gegenwart spürbar wird und die so manchem Bauern selbst Kummer bereitet. Schon begann auch die Verringerung der Zahl der landwirtschaftlichen Betriebe. So ging die Zahl der Betriebe mit über einem Hektar Fläche von 1949 bis heute auf fast ein Drittel zurück.

Geringer wurde auch die Zahl der Frauen, die einen Bauern heiraten wollten, und manche Bauersfrau verließ nach dem Motto »lieber Putzfrau in Stuttgart als Bäuerin im Schwarzwald« den Hof.

Keineswegs kleiner wurde freilich die Zahl der in der Landwirtschaftsverwaltung Beschäftigten. Deren Personalstand ist heute höher als 1953, aber Northcote Parkinson fand ja schon am Beispiel des Londoner Kolonialministeriums heraus, daß dieses mit kleiner werdendem Empire stetig wuchs. Wenn auch fraglich ist, wie viele Bauern einmal überleben werden, so braucht man sich doch wenigstens um die Existenz ihrer staatlichen Betreuer, die an manchen Nöten der Landwirte mitschuldig sein dürften, keine Sorgen zu machen.
Bevor aber ein Bauer sich endgültig von seiner Scholle trennt, versucht er es erst einmal mit der Zwischenlösung, daß er »zum Schaffen« in d' Fabrik geht und die Landwirtschaft gewissermaßen tagsüber an Frau und Kinder verpachtet, denen er nach Feierabend die groben Arbeiten abnimmt.
Bis in die siebziger Jahre hielten diese schwer arbeitenden Feierabendlandwirte – auch »Mondscheinbauern« genannt – noch ein paar Stück Vieh. Als dann aber die zentrale Milcherfassung hohe Investitionen erforderlich machte, um die Milch auf dem Hof zu kühlen, war dies für die meisten nicht mehr rentabel. In jenen Jahren verschwanden daher aus den Dörfern die Milchsammelstellen, die bis dahin in den Abendstunden ein fröhlicher, scheppernder Treffpunkt gewesen waren, in dem so manche Ehe angebahnt wurde.
So steht der kleine schwäbische Bauer seit Jahrzehnten mit einem Bein im »Geschäft«, mit dem anderen mehr oder weniger auf dem Rücken seiner Familie. Dieses »Geschäft« ist nicht zuletzt der »Daimler«; und es ist eine späte Genugtuung der Geschichte, daß nach der Schlacht

von Böblingen im Bauernkrieg 1525 heute so viele Bauern im benachbarten Sindelfingen ihr Brot verdienen.
Eine große Erleichterung ihrer Existenz bedeutete für viele Landwirte im mittleren Neckarraum die in der klassischen Dreifelderwirtschaft gar nicht vorgesehene »vierte Fruchtfolge«, das heißt der Verkauf des Ackers oder des Wiesles als Bauplatz zu »schonenden« steuerlichen Bedingungen. Wie überhaupt das Finanzamt die Masse der Bauern immmer recht kulant behandelte, was ihnen nicht wenig Neider einbrachte. Nachdem die Landschaft des mittleren Neckarraums mittlerweile mit Straßen und Häusern gut »angebaut« ist, gelingt es heute manchem Landwirt an der Peripherie, auch ein Schnäppchen zu machen und sein Land wenigstens an einen Golfclub zu verkaufen. Im Idealfall wird er dann gleich zum Pfleger der Grünflächen bestellt, so daß sich für ihn an der Tätigkeit wenig, am Einkommen recht viel ändert.
An Rettungsversuchen für die Landwirtschaft fehlte es in der Vergangenheit nicht. Der »Grüne Plan« pumpte Milliarden in die Landwirtschaft und bescherte ungewollt auch den Nichtlandwirten so manchen schönen Radweg. Dennoch, ob die Politik »hüscht nomm« oder »hott nomm« lief, mit den Bauern ging es mitten in einer prosperierenden Umwelt bergab, denn es entwickelten sich zwar die Kosten, kaum aber die Erzeugerpreise.
Auch die 14 Nothelfer, für die evangelischen württembergischen Bauern ohnehin kaum von Belang, hätten ihnen wenig genützt; bräuchten die Landwirte heute doch Heilige, die sich um den Ölpreis und den Dollarkurs kümmerten, während Viehkrankheiten und selbst Wind und Wetter heute zweitrangig sind.

Der Mansholt-Plan verunsicherte schon früh viele schwäbische Bauern, und als Mansholt vor etlichen Jahren bei einem Besuch den Landwirten, insbesondere auf der Alb und im Schwarzwald, ein düsteres Schicksal voraussagte, gingen die Wellen der Erregung hoch. Dennoch ist Sicco Mansholt bislang der einzige Politiker gewesen, der dem schwäbischen Landwirt die Wahrheit sagte; er hatte hier ja auch keinen Wahlkreis zu verteidigen. Die bittere Wahrheit lautet, daß zur Nahrungssicherung bei uns noch viel weniger Landwirte nötig sind, als wir heute haben. Dies freilich wollte und will der traditionsbewußte Bauer, der oft seit Jahrhunderten in seinem Dorf ansässig ist, nicht gern wahrhaben, läßt sich ein schwer schuftender Mensch doch nie gerne sagen, daß er eigentlich überflüssig ist. Und so flüchtete und flüchtet er sich in manche Mode und vermeintliche Nische, baut Raps oder Dinkel an und steht nach ein paar Jahren wieder am Ende einer Sackgasse. Der schwäbische Bauer ist zäh und ein tapferer Mann, aber manchmal verzweifelt er doch, denn der Schrumpfungsprozeß geht noch immer weiter: Die großen Bauern vergrößern ihren Betrieb mit Pachtland, und die kleinen geben auf. »Früher wurden die Rüben verrupft und heute die Bauern selbst«, meinte ein Beobachter zynisch dazu, und allgemein läßt sich feststellen, daß die Landwirte in ihrer Not wenig Freunde haben. Die jahrzehntelange Hätschelpolitik durch den Staat brachte ihnen viel Mißgunst ein, und mit einem Anteil von rund drei Prozent der Bevölkerung sind sie heute auch für die Politiker schon fast eine marginale Größe. Vorbei sind die Zeiten, da sie als »Reichsnährstand« hochgeachtet waren, und vorbei ist auch die Zeit, in der

man davon ausging, ein gesunder Staat brauche eine gesunde Landwirtschaft, wenngleich Reste dieser Ideologie noch heute nachklingen.
Doch heute sind Computer wichtiger als Kühe, und daran wird sich in Zukunft wohl wenig ändern. In »high tech«-Ländern haben die Bauern nicht mehr von vornherein einen besonderen Stellenwert, auch wenn die EDV schon auf manchem Bauernhof eingezogen ist. So ist die Konzentration der Landwirtschaft unausweichlich und Ausdruck der immer noch zunehmenden Rationalisierung aller Wirtschafts- und Lebensbereiche, die keine Reservate mehr duldet. Die bäuerliche Welt, deren Wertvorstellungen Land und Leute von der alemannischen Landnahme bis in die Zeit nach dem Krieg weitgehend prägten, ist im Verschwinden begriffen. Man wird gut daran tun, im Zuge der Dorfsanierung die letzte Güllepumpe und die letzte Miste im Dorf unter Denkmalschutz zu stellen, was in den fünfziger und sechziger Jahren noch als schlechter Witz betrachtet worden wäre. Eine Zufluchtsstätte der bäuerlichen Kultur könnten die regionalen bäuerlichen Freilichtmuseen werden, die parallel zum Niedergang der Bauern auch bei uns entstanden. Bäuerliche Folklore steht hoch im Kurs, aber ihre Überbetonung da und dort ist ein Zeichen dafür, daß der Beitrag der Bauern zur Volkskultur in Wirklichkeit nur noch sehr gering ist.
Mit den Bauern droht eine Bevölkerungsgruppe unterzugehen, die so manches schlitzohriges Bäuerle, aber auch viele grundgescheite, tüchtige Persönlichkeiten hervorgebracht hat. Es bleibt nur zu hoffen, daß das bäuerliche Element in der Bevölkerung nicht ganz verloren geht. Für

die Besonnenheit der Landwirte spricht, daß sie sich bis heute nicht radikalisiert haben. Aber selbst ein neuer »Armer Konrad« würde ihnen nichts nützen, schließlich ist der Feind ja nicht mehr nur der böse Herzog Ulrich in Stuttgart, sondern eine säkulare Entwicklung von europäischem Ausmaß, gegen die der württembergische Bauer, auch vereint mit seinen Leidensgenossen in anderen Ländern, wenig oder nichts ausrichten kann. Das Prinzip »Wachsen oder Weichen« wird auch künftig seine Gültigkeit haben, und der Landwirt wird gut daran tun, für sich und seine Kinder die Weichen für die Zukunft richtig zu stellen. So sei ihm zugerufen: »Bauer, paß auf!«

Der Buchhändler

»Wer das Nichtstun gleichermaßen
verabscheut wie ernsthafte Arbeit,
findet leicht den Weg zum Buch.«
Peter Brückner

Diese subtile Erkenntnis soll nicht nur für viele Leser und so manchen Autor, sondern auch für etliche Buchhändler gelten. In der Tat findet man in dieser Branche den Typus des »hard selling managers« noch recht selten, dafür aber viele liebenswürdige Persönlichkeiten, die das Buch nicht nur als Ware, sondern auch als kulturelles Phänomen betrachten.

In diesem Land, in dem einmal ein Friedrich Johann Cotta segensreich für das Buchwesen im ganzen Reich wirkte und das den Buchhändler Johann Philipp Palm aus Schorndorf hervorbrachte, der für seinen beruflichen Patriotismus gegen Napoleon sogar mit dem Tode büßte, hat der Buchhandel eine besonders stolze Geschichte. Doch so alt dieser Beruf auch ist – in den Augen der Zeitgenossen scheint er nicht gerade ehrwürdig zu sein; sehen ihn Meinungsumfragen doch am unteren Ende der sozialen Skala, was dem Bildungsstand seiner Angehörigen keinesfalls gerecht wird. Daß dieser Einschätzung die schlechten Erfahrungen Goethes zugrunde liegen, der alle Buchhändler für des Teufels hielt und ihnen eine eigene Hölle zudachte, ist nicht anzunehmen. Vielmehr dürfte eine Rolle spielen, daß die meisten Menschen zwar fast täglich den Metzger und den Bäcker brauchen, einen Buchhändler aber höchst selten oder nie. Schon daraus folgt, daß dessen Part der schwierigste im ganzen Buchwesen ist, was schon Felix Dahn erkannte, als er formulierte: »Bücher zu schreiben ist leicht, es verlangt nur Feder und Tinte, und das geduld'ge Papier. Bücher zu drucken ist schwerer, weil oft das Genie sich erfreut unleserlicher Handschrift. Bücher zu lesen ist noch schwerer von wegen des Schlaf's. Aber das schwierigste Werk, das ein sterblicher Mann bei den Deutschen auszuführen vermag, ist zu verkaufen ein Buch!« Diese Erkenntnis trifft, obwohl die Manuskripte heute mit der Maschine geschrieben werden und also leserlicher sind, nicht zuletzt auch auf Württemberg zu. Heißt es doch, ein rechter Schwabe überlege, ob er ein Buch nicht bei einem Freund entlehnen könne oder er gar besser selbst eines schreibt, aber eines kaufen?

So hat der Buchhandel hierzulande keinen leichten Stand, und üppige Existenzen sind selten. »s' tuts«, umschreibt der württembergische Buchhändler vorsichtig seine Lage und umreißt damit den Schwebezustand zwischen seinen Idealen und seiner realen Existenz, die ohne die schon hundertjährige Preisbindung zum Scheitern verurteilt wäre. Die Preisbindung, ein Fossil in der Marktwirtschaft, aber ein unverzichtbares, ermöglicht bei uns den leistungsfähigsten Buchhandel der Welt, was viele erst bemerken, wenn Ausländer staunend feststellen, daß der heimische Buchhändler buchstäblich über Nacht (fast) jedes Buch besorgen kann. Ein Service, den es sonst nur bei Arzneien gibt, was ein Buch ja manchmal auch sein kann. Obwohl »goldene Nasen« hier also nicht zu verdienen sind, ist der Beruf des Buchhändlers für junge Menschen immer noch attraktiv; umgibt ihn doch jene Aura der Lite-

ratur, die gerade in Württemberg eine reiche Tradition hat. Doch schon so mancher junge Buchfreak war dann enttäuscht darüber, daß es in der Praxis weniger auf gute Lektürekenntnisse als eben auf das Verkaufen von Büchern ankommt. Die meisten Buchhändler im Lande sind genaugenommen Buchhändlerinnen; hat das weibliche Geschlecht doch auch in den Bibliotheken schon längst bewiesen, daß seine Fürsorge den Büchern und ihren Lesern gut bekommt. So dominieren in Stuttgarts großen Buchhandlungen die Buchhändlerinnen und unter ihnen keineswegs die »Blaustrümpfe« wie in früherer Zeit. Große Unterschiede zum Stuttgarter Buchhandel gibt es auf dem Lande, wo ein ganz anders strukturiertes Publikum zu bedienen ist.
In den Städten finden wir einerseits die großen Allround-Buchhandlungen, ja geradezu Buchtempel, andererseits aber viele Spezialisten und sogar den geschniegelten »Yuppie«, den man in dieser Branche nicht vermutet hätte. Auf dem Lande hingegen trifft man noch häufig den Urtyp des württembergischen Buchhändlers, dessen Geschäft ohne Zeitschriften und Schreibwarenabteilung meist nicht tragfähig wäre. Die Vorliebe auch des ländlichen Buchhändlers gehört selbstverständlich seinen Büchern und nicht etwa den Schreibwaren, bei denen er ohnehin im harten Kampf mit den großen Supermärkten steht. Gern würde er sich ja auf den Verkauf der Werke von Schiller, Hölderlin, Mörike und anderen schwäbischen Schriftstellern beschränken, doch braucht er Bücher dieser Autoren leider sehr selten, denn Klassiker sind bekanntlich Dichter, die jeder gelesen haben möchte, aber keiner liest. Ganz anders verhält es sich dagegen mit Literatur zum Thema »Vollwertkost«, von deren Verkaufserlös er sich

schon einmal ein Schnitzel leisten kann. Und dies, obwohl der Buchhändler den Handel mit Back- und Kochbüchern natürlich mit weit weniger Freude betreibt als den mit »schöner Literatur«; diese führt er sich nach Ladenschluß dann selbst zu Gemüte – als literarische Vollwertkost. Andererseits ist er gut beraten, sich abends über das Fernschprogramm zu informieren; gibt es doch zu jeder Serie alsbald ein Buch, was zumindest für Buchhändler der beste Effekt des Fernsehens ist. Dem Publikumsgeschmack entsprechend hält er auch prachtvolle Bildbände auf Lager, wobei es im Württembergischen darauf ankommt, daß sie viel vorstellen, aber dennoch preisgünstig sind. Politische Sachbücher tragen zum Umsatz nicht unwesentlich bei, da auch sie sich gut zum Verschenken eignen; man muß sie ja nicht selbst lesen.

Erotische Literatur hingegen, die in Stuttgart selbst in den Schaufenstern konfessioneller Buchhandlungen zu finden ist, ist beim kleinstädtischen Buchhändler kaum anzutreffen. Es dürfte dies allerdings weniger ein Zeichen ländlicher Vitalität als eine Folge des diskreten Versandbuchhandels sein. Ebensowenig verlangt werden Bücher zum derzeit fast marktbeherrschenden Themenkreis »Esoterik«, für die in städtischen Buchhandlungen viel Raum benötigt wird. Dieser Mangel an Nachfrage könnte möglicherweise eine Folge der psychisch wie physisch stabilisierenden Wirkung der Gartenarbeit sein, die den meisten Städtern abgeht.

Auch von der sogenannten »Frauenliteratur« benötigt der ländliche Buchhändler nur wenige Exemplare. Mit Staunen hört er von »Frauenbuchhandlungen« in den Großstädten, die männliche Kunden schlicht und einfach nicht bedienen und sie wieder auf die Straße schicken. Das kann er sich bei keinem Kunden erlauben! Vielmehr muß er sich bemühen, trotz seiner reichen Kenntnisse nicht arrogant zu wirken, um die Schwellenangst der Landbewohner nicht noch zu vergrößern. Zwar geht auch in der schwäbischen Provinz der Trend zum "Zweitbuch", wie ein Händler es sarkastisch formulierte, aber es kostet ihn viel Mühe, im Verein mit der Bücherei und der Volkshochschule so etwas wie eine Lesekultur im Städtchen zu schaffen. Obwohl finanziell meist ein Verlustgeschäft, veranstaltet er deshalb in drangvoller Enge auch Lesungen, wobei es sich als kostensparende Methode bewährt hat, alle Stammkunden telefonisch einzuladen, was zwar Zeit kostet, aber die Portokasse schont. So erweist sich der schwäbische Buchhändler immer wieder als idealistischer Kulturträger, wobei er vom Idealismus freilich nicht leben kann und Bestseller aller Art dringend benötigt, denn ohne Umsatz kein Gewinn. Darum ist es beruhigend für ihn, daß die Illustrierten und die Schreibwaren in der anderen Ladenhälfte und die literarische »Fast food«-Produktion die Kultur in der literarischen Ecke erst ermöglichen.

Ein echter württembergischer Buchhändler liebt alles Schöne und Gute in der Literatur, vor allem in der württembergischen, gerade weil es im täglichen Leben so selten ist, und er verkauft am liebsten Bücher, die ihm selbst gefallen. Mit seinen vielen Büchern lebt er auf vertrautem Fuß zusammen, auch wenn er sich doch andererseits immer wieder gern von ihnen trennt. Mit Respekt vor der Kundschaft trägt er im Laden zwar keine Hausschuhe, aber Cordhose und Strickjacke signalisieren seinen Kunden, daß hier kein Streß herrscht – vom Weihnachtsgeschäft, das er zugleich liebt und fürchtet, einmal abgesehen. Wenn es in Museen heißt, der störendste Faktor sei der Besucher, so gilt das nur für ganz wenige Buchhandlungen, und diese sterben von selbst aus. Freilich braucht der Buchvertreiber in der Region draußen gute Nerven, wenn der Kunde zum Beispiel ein Buch sucht »von mittlerer Größe und blauem Einband«, er habe es in Stuttgart im Schaufenster gesehen, aber Titel und Autor vergessen. So muß ein Buchhändler fast über hellseherische Fähigkeiten verfügen. Geht die Kundschaft doch davon aus, daß er möglichst alle der fast 1,4 Millionen Titel, die seit 1951 in der Bundesrepublik Deutschland erschienen sind, im Kopf hat oder zumindest in seinen dicken Katalogen. Diese sind freilich nicht nach Farbe und Form der Bücher geordnet, und in ihnen muß er deshalb oft suchen wie nach der berühmten Stecknadel im Heuhaufen. Da lobt sich der ländliche Händler den ortsansässigen Studienrat, der sich in der Großstadt zuvor einen Überblick über den Markt verschafft und dann bei ihm alles bestellt. »Alles für alle« anbieten, wie es die großen Buchhändler in Stuttgart noch versuchen, oder sich spezialisieren, das kann der Kollege im ländlichen Raum freilich nicht; aber »Für jeden etwas« ist seine Devise, wobei er sich freut, wenn er auch einen ausgefallenen Kundenwunsch sofort befriedigen kann.

So ist der Buchhändler ein Kulturträger, der zwar im einen Auge die Literatur, im anderen aber die Ladenkasse haben muß. Ein solcher Zwiespalt ist in unserer Gesellschaft freilich allgemeines Schicksal; müssen doch nicht nur im kulturellen Bereich auch diejenigen, die ihr Herz links tragen, den Geldbeutel zwangsläufig rechts tragen.

Der »schwäbische« Italiener

Die Herrschaft der Staufer über die Italiener besteht zwar schon lange nicht mehr, aber dennoch stehen noch viele Italiener in schwäbischem Sold. Waren es in den Jahrhunderten nach der Stauferzeit vor allem Gelehrte und insbesondere in Barock und Rokoko auch Künstler, die für den Kontakt zwischen dem Land im sonnigen Süden und dem rauhen Alemannien sorgten, so kamen schon im 19. Jahrhundert durch den Eisenbahnbau italienische Arbeiter zu härtesten Bedingungen nach Deutschland. Ende unserer fünfziger Jahre kam es erneut zur Einwanderung vieler Italiener nach »Alemania« und nicht zuletzt nach Württemberg. Im Laufe der Zeit kamen zwar auch aus anderen südlichen Ländern – später vor allem aus der Türkei – viele arme und arbeitswillige Menschen, aber die Italiener prägten das Bild vom ausländischen Arbeiter bei uns, den man merkwürdig genug als »Gastarbeiter« bezeichnet.

Von den 9,3 Millionen Einwohnern Baden-Württembergs ist fast jeder zehnte Ausländer, und die schwäbi-

Heute:
Gaisburger
Marsch
al
dente
6.50
Da

sche Szene ist heute weder ohne Rei'gschmeckte noch ohne Ausländer vorstellbar. Manch einer der zugewanderten Italiener ist heute schon fast 30 Jahre im Land und hat sich so gut angepaßt, daß man ihn geradezu als »schwäbischen« Italiener bezeichnen kann.

Der Empfang der Ausländer war nicht gerade herzlich gewesen; gerufen hatte man eigentlich »nur« Arbeiter, gekommen aber waren Menschen mit menschlichen Problemen. Kaum hatte man im Lande das Heer der Heimatvertriebenen und Flüchtlinge halbwegs integriert, galt es jetzt, sich schon wieder mit Fremden auseinanderzusetzen, die dazu noch nicht einmal deutsch konnten. Wie die Türken noch heute, so wurden damals auch die Italiener als fremdartig empfunden, was im Deutschen in der Regel mit »minderwertig« assoziiert wird; ist doch das Verhalten gegenüber Minderheiten nicht gerade die Stärke unserer Kultur.

Aber die Maschinen mußten laufen, um das Wirtschaftswunder zu vollbringen, und so akzeptierte man die »Katzelmacher« notgedrungen am Arbeitsplatz, wo ihr heiterer Sinn ihnen aber auch bald Freunde verschaffte, zumindest bei den weiblichen Arbeitnehmern. So ging die Integration mancher dieser Arbeiter durch die Ehe mit einer Deutschen besonders schnell. Andere dagegen mußten sich in der Liebe noch lange mit dem »Tricko Tracko in Baracko« behelfen, bis sie ihre Familien nachkommen lassen oder eine gleichfalls emigrierte Landsmännin heiraten konnten.

Im Gegensatz zu den Zuwanderern aus dem deutschen Norden, die meist lebenslänglich nicht das geringste Zugeständnis an die schwäbische Mundart machen, sprachen die zugezogenen Arbeiter aus dem Süden oft schon nach wenigen Wochen eine Art »basic Schwäbisch«. Für den Anfang reichte dies durchaus, denn es ist erstaunlich, mit wie wenig Worten man auf einer Baustelle oder einem Arbeitsplatz in der Fabrik durch den Alltag kommt. Viele dieser Gastarbeiter der ersten Stunde wechselten nur einmal oder gar nicht ihre Arbeitsstelle, und schon kommt es öfters vor, daß auch ausländische Arbeitnehmer für 25jährige Betriebszugehörigkeit geehrt werden.

Ein Schleckhafen war und ist ein solches Arbeiterleben in der Fremde freilich nicht. Die schwäbische Nationaltugend des Sparens brauchte man ihnen nicht beizubringen, denn zum Geldverdienen waren sie ja gekommen und deshalb zu Überstunden und einem Job nach Feierabend stets bereit; hatte doch jeder von ihnen ein Ziel in der Heimat, das er sich zu erarbeiten hoffte. Der eine sparte für ein Fischerboot, der andere für ein Häusle, aber je länger sie arbeiteten, desto mehr rückte ihr Ziel in die Ferne, und so wurde und wird die Heimkehr ins Land der Väter von vielen auf den Ruhestand verschoben. Davon will freilich die zweite Generation, die im Ländle aufgewachsen ist und seine Lebensformen schätzt, meist schon nichts mehr wissen.

Diese Gastarbeiterkinder wachsen vor allem in ländlichen Regionen vom Kindergarten an gleichberechtigt auf und mit ihren Schulkameraden auch in die Vereine hinein, wo sie insbesondere in den Sportvereinen manchmal eine große Rolle spielen. So bewährten sich die Vereine wie zuvor schon bei den Heimatvertriebenen als wichtiger Integrationsfaktor. Für die Eingliederung aller Gastarbeiter und ihrer Familien ist im übrigen das Fernsehen von ausschlaggebender Bedeutung. Am liebsten sehen sie Filme, Musik- und Sportsendungen und teilen die Klagen der deutschen Arbeitskameraden über das Programm, das ihren Bedarf an leichter Kost nicht ausreichend befriedige. Doch streben gerade ältere Gastarbeiter nach der Arbeit nicht nur leichte Unterhaltung an, sondern sind oft fortbildungswilliger als ihre deutschen Kollegen. Man findet sie in vielen Kursen der Volkshochschulen büffeln, und über »Readers Digest« erweitert so mancher seinen Horizont. Am Arbeitsplatz lesen sie die unvermeidbare Bildzeitung – nicht ohne kritisches Bewußtsein – und sind, wenn sie erst eine Weile hier sind, meist auch treue Abonnenten der Heimatzeitung ihres Wohnortes.

Auch mit der schwäbischen Küche sind sie im großen und ganzen einverstanden, und manch einer schwärmt von Spätzle, Kartoffelsalat und deutschem Bier. Das Festhalten an den heimischen Trink- und Eßgewohnheiten, das zu manchem Ausländerladen in schwäbischster Umgebung geführt hat, kennzeichnet jedoch die meisten Gastarbeiter. Dabei sind sie im Export ihrer heimischen Gerichte erfolgreicher als vor ihnen die »Rei'gschmeckten« aus dem Osten und Südosten, die zwar den Paprika in Württemberg einführten, die Übernahme von »Königsberger Klopsen« und »Schlesischem Himmelreich« auf württembergische Speisekarten aber nicht durchzusetzen vermochten.

Dementsprechend gibt es heute keine schwäbische Kleinstadt ohne Pizzeria mehr, und auch der italienische Eissalon gehört zur Grundausstattung jedes Städtchens.

Die Gewohnheiten des Leibs scheinen dabei zäher zu

sein als die der Seele, denn wenngleich die meisten italienischen Gastarbeiter zu Hause treue Söhne ihrer Kirche waren, passen sie sich hierzulande dem Verhalten der Deutschen an und meiden häufig die Messe, wobei ihre Begründung von »kei Zeit« bis »zu politisch« reicht. Andererseits übernehmen sie auch positive Sitten ihrer neuen Umgebung und werden oft mustergültige Anhänger der Kehrwoche.

In wachsendem Maße nehmen sie in ihrer neuen Heimat auch Vertrauensstellungen ein, steigen in manchen Dörfern als Leiter der Moste zu »Mostmeistern« auf, oder sie sind stolz darauf, nicht nur im Betrieb »Schlüsselwart« zu sein, sondern auch stets die Schlüssel der schwäbischen Nachbarn für Notfälle bei sich zu Hause aufzubewahren.

So sind die italienischen Zuwanderer mancherorts sehr geachtete Mitbürger geworden und dringen auch als Unternehmer da und dort schon in den mittelständischen Bereich vor. Auch wenn sie lieber FIAT als VW fahren, haben sie die Mentalität der neuen Umgebung oft schon voll angenommen. Das zeigt sich zum Beispiel, wenn sie einen jungen Türken mit den Worten zurechtweisen: »Bei uns Schwobe muß mer schaffe, hoscht g'hört!« Aber auch wenn sie noch so gut angepaßt sind, in einem Punkt unterscheiden sie sich meist auch nach jahrzehntelangem Aufenthalt im Lande von ihren deutschen Kollegen: sie singen bei der Arbeit!

(Un)züchtiges

Die Landesregierung bemüht sich seit Jahrzehnten mit Erfolg, im ganzen Lande möglichst gleichwertige Lebensverhältnisse zu schaffen. Einer der Bereiche, der sich ihren Bemühungen bislang Gott sei Dank entzog, ist die Liebe.

Der ländliche Raum ist auf diesem Gebiet ausnahmsweise einmal im Vorteil gegenüber dem mittleren Nekkarraum. In Monaten mit »r« soll man sich zwar nach einer Bauernregel auch dort nicht im Freien lieben; aber im Mai beginnt die Saison nicht nur in den Freilichttheatern, sondern er ermöglicht dem Landmann, und natürlich auch der Landfrau, im Wald und auf der Heide Erlebnisse, die hinter der Hecke eines Reihenhauses in Bietigheim oder Esslingen kaum möglich wären. Freilich droht hier die Gefahr, im ungeeignetsten Moment von einer Zecke befallen zu werden, und auch der Rheumatismus lauert überall, aber dieses Restrisiko nimmt die Landbevölkerung seit eh und je gern in Kauf, ohne daß es ihr sehr geschadet hätte.

Von derlei Episoden abgesehen, liebt der biedere Landmann aber auch in der Erotik das Reelle und ist meist schon zufrieden, wenn er nach des Tages Müh und Plag auf traulicher heimischer Bettstatt sein Pfeifchen ausklopfen darf. Als sparsamer Schwabe beherzigt er den bewährten Grundsatz »die Freud' im Haus erspart das Freudenhaus«, aber manchmal, bei besonders günstigem Verkauf einer Kuh, oder wenn die Frau im Krankenhaus liegt, hat auch er einen außerordentlichen erotischen Bedarf, und wo wäre diesem besser abzuhelfen als in dem Sündenbabel Stuttgart.

Freilich wird er nicht zum Telefon greifen und aufs Geratewohl eine der Damen anrufen, deren Telefonnummern über »Bild« auch in der Provinz stets präsent sind, denn der konservative Landbewohner kauft auch auf diesem Gebiet nicht gern die Katze im Sack. Er wird seine Schritte auch nicht in einen »vornehmen« Club lenken, wo das gehobene Bürgertum nach stimulativer Entspannung lechzt, weil ihm seine unverbildeten Instinkte sagen, man wisse nie, wo man da letztlich hineingerate. Auf der Straße läßt er sich schon gar nicht auf einen Handel ein, obwohl die Konditionen hier etwas besser sind; aber wer weiß, wer ihn da beobachten könnte. So strebt er zielsicher dem »Bebenhäuser Hof 2-6« zu, dem altbewährten »Dreifarbenhaus«, das eine geniale Stadtplanung so ins Zentrum Stuttgarts gesetzt hat, daß es jeder Schwabe, aber auch jeder Ausländer, ohne Stadtplan findet.

Landsmänninnen wird er dort jedoch wenige unter den 68 Damen finden, was nicht heißt, daß diese für den altehrwürdigen Beruf der Liebedienerinnen ungeeignet wären. Vielmehr zählten die Schwäbinnen schon im Mittel-

alter zur Creme der europäischen Bordelle, und ihre »große Scheuer« wurde sogar besungen. Anzunehmen ist, daß die Schwäbinnen durch den Pietismus von der Lust zum Frust »geläutert« wurden und soweit sie sich davon wieder erholten und im Fach blieben, auswärts tätig sind; in einem Beruf, der auf seine Reputation Wert legt, ist das ja auch durchaus verständlich. Insgesamt wird das liegende Gewerbe ja nicht bodenständig, sondern im Wandern bzw. Fliegen ausgeübt, und der Flugverkehr in Echterdingen wäre am Wochenende sicher viel entspannter, wenn nicht die Telefondamen am Freitagabend alle nach Hause fliegen würden. So erwarten den Besucher vom Lande also kaum Stuttgarterinnen, aber dafür Fachkräfte aus allen deutschen Landen einschließlich Berlin. Freilich kam schon mancher Provinzbewohner am Wochenende vergeblich angereist, denn wenn auch die Sonntagsarbeit in der Computerindustrie immer mehr um sich greift, im Wirtschaftszweig »Horizontales Gewerbe« gibt es noch hehre Grundsätze, und die Devise lautet: »Sonntags nie«; und auch samstags wird schon um 22.00 Uhr geschlossen, denn verständlicherweise wollen auch diese Frauen noch etwas von ihrem Wochenende haben. Auch werktags ist schon um 24.00 Uhr Schluß im Dreifarbenhaus, aber schließlich soll nicht nur der Schlaf, sondern auch der Beischlaf vor 24.00 Uhr der beste sein.
Bis es so weit ist, wird der Sex-Tourist aus den Regionen erst einmal zur Kasse gebeten, denn »cash macht fesch«. Vorauskasse ist selbstverständlich, denn die »gefallenen« Mädchen sind ja schließlich nicht auf den Kopf gefallen, und Angebot und Nachfrage regeln den Preis. Kritiker dieses Gewerbes übersehen gern, daß wir hier einen der

letzten funktionierenden Bereiche der Marktwirtschaft haben, der völlig ohne Subventionen auskommt und sogar noch Steuern zahlt. Der Fiskus drückt nämlich auch hier kein Auge zu, aber er zwinkert ein wenig und begnügt sich mit einer bescheidenen Tagespauschale, was vor dem Hintergrund zu sehen ist, daß die »freischaffenden« Liebeskünstlerinnen meistens nicht erfaßt werden und somit eine Wettbewerbsverzerrung eintreten würde. Von der Mehrwertsteuer sieht das Finanzamt sogar ganz ab, obwohl die hohen Herren des Bundesfinanzhofs die Unternehmereigenschaft dieser Aktivistinnen der Liebe neuerdings durchaus bejahen, aber sie kulanterweise als steuerfreie Kleinunternehmerinnen einstufen.

Der brave Gast vom Lande, dessen beim Anblick der Verlockungen gestiegener Blutdruck ihm ohnehin zu schaffen macht, wird sich freilich schwer tun, bei der reichhaltigen Auswahl die richtige Entscheidung zu treffen, stehen in diesem straff geführten Etablissement für ihn doch gar zu viele Türen und Türchen offen, wobei er im rein deutschen Betrieb auf Exotisches allerdings verzichten muß. Doch wenn man von Burladingen oder Künzelsau klopfenden Herzens angereist ist, bleibt der Besuch aufregend genug.

Welch eine ehrenwerte Einrichtung er sich mit dem Dreifarbenhaus ausgesucht hat, zeigt sich im übrigen daran, daß dieses auch schon wiederholt als Eheanbahnungsinstitut gedient hat; schließlich lernen sich die Partner hier ganz unverstellt kennen. Spitzenkräfte wurden schon wiederholt vom Fleck weg geheiratet und machten oft – meist mit Ausländern – glänzende Partien.

In diesem Haus weiß sich unser Landbewohner auch einigermaßen sicher vor AIDS, gehen die Mitarbeiterinnen doch wöchentlich einmal zum »TÜV« auf das Gesundheitsamt. Ein Teil ihrer Kunden ist freilich unbelehrbar, wozu unser Landmann nicht gehört, denn er weiß was sich schickt. Gern nimmt er ein »Hütchen« und respektiert Sitte und Anstand auch hier, zumal er doch ein bißchen kalte Füße wegen der neuen Seuche und vor allem wegen seiner treusorgenden Ehefrau daheim hat.

Auch wenn der AIDS-Schock schon wieder fast überwunden ist, ist doch die goldene Zeit des »Tricolore« vorbei. In den fünfziger und sechziger Jahren konnte es als die demokratischste kulturelle Einrichtung Stuttgarts bezeichnet werden. Inzwischen greift der gutsituierte Bürger lieber zum Telefon und frequentiert eine dieser über 100 »Terminwohnungen« in Stuttgart oder delektiert sich in »Clubs« oder bandelt auf der Straße an, was für so manchen besseren Herrn noch immer seinen Reiz hat.

Sodann tritt unser Landmann frohgestimmt und ohne Blessuren wieder seinen Heimweg in den ländlichen Raum an und verläßt eine Stätte, wo Zucht und Ordnung herrschen, wie man sie in anderen Städten an diesem Platz vergeblich sucht, weshalb sich das Dreifarbenhaus sogar bundesweit eines guten Rufs erfreut. Aber, hätte man in Stuttgart eigentlich etwas anderes erwarten dürfen?

Glaubwürdig erscheint daher die Anekdote von einer Belegschaftsangehörigen dieses Hauses, die für drei Wochen in Urlaub gegangen war, aber nach zehn Tagen schon wieder zurückkam. Auf die Frage, warum sie schon wieder da sei, soll sie geantwortet haben: »Ha, wenn mer a Weile nix meh schafft, kommt mer bloß auf dumme Gedanke!«

Eine Vision: Der geklonte Schwabe

In einer Zeit, in welcher der schwäbische Volkscharakter nicht nur durch Reingeschmeckte aller Art, sondern auch durch den nivellierenden Einfluß der elektronischen Medien gefährdet erscheint, tut es not, auf Abhilfe zu sinnen. Im »high tech«-Land Württemberg bietet sich dabei zwangsläufig an, von den Möglichkeiten der Gentechnologie Gebrauch zu machen und den idealen Schwaben gewissermaßen zu klonen. Dabei ist natürlich sorgfältig zu erwägen, welche Gene man verwertet, um nicht ein Monster zu züchten, das zwar an Tüchtigkeit alle überbietet, aber mit einem menschlichen Wesen nicht mehr viel zu tun hat.

Um einen solch reinrassigen Schwaben auf solide Füße zu stellen, nehme man die Füße am besten von einem Stuttgarter, der durch die steilen Staffeln und die endlosen Fußgängerunterführungen seiner Stadt hinreichend trainiert ist. Da »die Füß« hierzulande auch die Beine bezeichnen, sollte man auch sie einem Stuttgarter, vielleicht einem berggewohnten Degerlocher, entnehmen.

Um auch die erst nach 1805 im Königreich Württemberg hinzugekommenen Oberschwaben einzubeziehen, könnte man für das Gesäß an einen bodenständigen oberschwäbischen Landwirt als Spender denken.
Schwieriger sieht 's schon »vorn herum« aus. Als Ort der Lust hat Ludwigsburg bekanntlich einen schaurig schönen Ruf, weshalb diese nicht zu verachtenden Körperteile als Reverenz an das »Mätressen-Hauptquartier« von einem Ludwigsburger übernommen werden sollten.
Als »Kuttel-Lieferant« wäre wohl niemand besser geeignet als ein Tübinger Gôge, dessen zähe Kuttel ja legendär ist. Den »Buckel« könnte man hingegen von einem Neckartäler Weingärtner entnehmen, der das Bücken gewohnt ist und damit in jeder Beziehung uralte württembergische Volkstradition verkörpert. Für die Arme bietet sich eine Entnahme bei einem Filstäler an, wo bekanntlich seit der Industrialisierung hart gearbeitet wird. Die Hände hingegen müßte man von einem Balinger Feinmechaniker entlehnen, wobei Daumen und Zeigefinger vielleicht ein Reutlinger beisteuern sollte, da das Geldzählen in Zukunft auch für Idealmenschen noch viel wichtiger sein wird, als es heute schon ist.
Als Genlieferant für die Lunge erscheint ein Bewohner der Schwäbischen Alb am besten geeignet, da die Luft dort noch weitgehend »frisch und rein« geht und die Älbler mit ihren guten Lungen ja auch immer den Markgröninger Schäferlauf gewinnen.
Fürs Herz hingegen sollte man an einen Bewohner aus Stuttgart-Rotenberg denken, da in der Hektik des mittleren Neckarraums das Schwabenherz wohl am meisten pumpen muß und da der rebenbewachsene Rotenberg

das Herz des Landes wohl am besten markiert. Trug er doch bis 1819 nicht nur den Namen »Wirtemberg«, sondern auch noch letzte Reste der im 11. Jahrhundert erbauten Stammburg der Württemberger. Auch ist die an ihrer Stelle von König Wilhelm I. errichtete Grabkapelle von besonderem Gemütswert für die Württemberger, da in ihr ihre geliebte Königin Katharina bestattet ist.

Ob der Mensch eine Seele hat, ist umstritten, und wie sie gentechnisch herzustellen ist, ist noch viel schwieriger zu beantworten. Vorsorglich sollte man diese schwierige Aufgabe nach Korntal delegieren, denn ohne eine gewisse pietistische Beimischung wäre halt auch der ideale Schwabe nicht recht denkbar.

Im übrigen gilt auch für den gentechnisch produzierten Musterschwaben »nobody is perfect«, weshalb man ihm von den Horber »Kropfern« einen leichten Kropf beigeben könnte, zumal auch diesen, erst im Königreich zu Württemberg gestoßenen Schwaben ein Beitrag vergönnt sei.

Die Kehle könnte man sich von einem Schnaiter vorstellen, da wohl nirgends die Silcher-Lieder inbrünstiger gesungen werden als in seinem Geburtsort, und ein guter Sänger sollte der Zuchtschwabe im Land der Chöre schon sein.

Für die Lippen denkt man natürlich gleich an einen »Luppel« aus Vaihingen/Enz, während die ideale Zunge bei einem Remstäler Vierteleschlotzer gesucht werden sollte, da wohl kaum ein Mensch auf der Welt über so differenzierte Geschmacksnerven verfügt wie dieser.

Für die Nase hingegen empfehlen sich die Riechorgane eines Tailfinger Trikotagenfabrikanten, der mit seiner fei-

nen Witterung stets die neuesten Modetrends erfaßt. Die Augen dagegen wären bei einem Schwarzwälder zu holen, da ja schon ein altes Studentenlied der »Schwarzwaldmädchen Augensterne« preist und die Augen der Schwarzwälder den Augen ihrer Partnerinnen schon aus erbbiologischen Gründen nicht nachstehen.
Als Ohrenlieferant sollte man wieder an einen Stuttgarter denken aus dem Bereich von Stuttgart 1, wo es zwischen Landtag und Staatsministerium alle relevanten Gerüchte des Landes zu hören gibt, was das Hörvermögen außerordentlich schärft.
In der heutigen Zeit, in der böse Einflüsse aller Art auf den Menschen einstürmen, müßte der geklonte Schwabe auch einen rechten Dickschädel haben, um grundsatzfest zu bleiben und sich immer und überall durchzusetzen. Man sollte deshalb – ohne ein wenig »Rassenmischung« geht's halt nicht – vielleicht dem edlen Leib einen Hohenloher Schädel aufpfropfen; haben die Hohenloher doch ein Selbstverständnis, das sie über alle modernistischen Anfechtungen sich leicht hinwegsetzen läßt wie der Ausspruch zeigt: »Ich bin ein Hohenloher Franke und darf tun und lassen, was ich will, und selbst dazu bin ich nicht verpflichtet.« Freilich sei davor gewarnt, auch das Gehirn von einem Hohenloher zu übernehmen, denn das wäre für diese erst 1805 recht widerwillig nach Württemberg Einverleibten doch zu viel Ehre. Für das Gehirn kommt nur ein Tübinger in Betracht, der mit Gelehrtenweisheit und Gôgenwitz zugleich dem idealen Schwaben zu Intelligenz und auch zu Knitzheit verhelfen müßte.
Der Superwürttemberger würde sich natürlich schwer tun, wenn die Gentechnologen ihm nicht eine ideale

Schwäbin zur Seite stellten. Sie müßte freilich, wenn das neue Geschlecht etwas werden soll, aus genau den gleichen Bestandteilen zusammengesetzt sein. Als »bessere Hälfte«, und da Frauen nach neuerem Verständnis ohnehin perfekter sind als Männer, könnte ihr aber der Kropf aus Horb erspart bleiben.
So könnte mit den Mitteln der Gentechnologie eine Rasse geschaffen werden, die den Anforderungen des nächsten Jahrtausends gewachsen wäre und den schwäbischen Volkscharakter rein bewahren würde. Ein Versuch würde sich lohnen!

Lesungen im Ländle

Baden-Württemberg ist ein hochdifferenziertes Land, und ein Spötter hat einmal gesagt, zur regionalen Vielfalt fehle nur die zentrale Einfalt, die auf Eingriffe in die Regionen verzichte und eine natürliche Entwicklung ermögliche. Sehr unterschiedlich stellt sich das Land auch dar, wenn man es auf Lesungen bereist. Dabei soll sich die Betrachtung auf den württembergischen Raum beschränken, zumal eine der wenigen Lesungen Karl Napfs im Badischen zu einem Erlebnis eigener Art wurde. Er mußte nämlich bei der Rückfahrt im Zug feststellen, daß das Honorar um 100 DM unter dem quittierten Betrag zurückgeblieben war. Aber welcher Literat zählt denn gewissermaßen noch auf der Bühne das Geld nach, geht man bei einem ordentlichen Schriftsteller doch ohnehin davon aus, daß er aus Idealismus schreibt, um die Menschheit vor dem vorzeitigen Verfall zu retten.
Im Württembergischen sind Napfs Erfahrungen sehr viel besser, zumal er in seiner Blauäugigkeit lange auf Honorare verzichtete, bis er dann einsehen mußte, daß die Be-

handlung bei Lesungen durch den Veranstalter mit dem Salär steigt. »Was nix koscht', isch nix«, scheinen auch hier viele zu denken, und das darf in einer Gesellschaftsordnung nicht verwundern, in der die Idealisten sich immer mehr als die Störenfriede erweisen, weil sie sich nicht an die Spielregeln halten und alles durcheinander bringen.

Im Ländle sind die Lesungen nun durchaus verschieden, je nachdem in welches Milieu es den Autor verschlägt.

So wird in pietistischen Dörfern im Schwarzwald selbst bei Pointen, die in katholischen Gegenden zu ausgesprochener Heiterkeit führen, nicht gelacht. Der Nachbar könnte es ja hören, und es steht zu hoffen, daß Karl Napfs Schwarzwälder Hörer wenigstens auf dem Heimweg hehlingen in sich hineinschmunzeln. Der mittlere Neckarraum mit seiner intellektuell beweglicheren Bevölkerung ist dagegen ein gutes Pflaster für Lesungen, zumal es hier im Gegensatz zu ländlichen Gegenden kaum noch Tabus gibt und auch politische oder religiöse Themen, bei denen der biedere Landmann noch zurückzuckt, ohne Scheu satirisch beleuchtet werden können.

Auch vorwiegend katholische Gebiete sind für humoristische Lesungen ein guter Resonanzboden, da hier im Gegensatz zum protestantischen Bereich auch über religiöse Fragen gelacht werden kann, glaubt man sich doch im Besitz der Wahrheit, die durch einen Scherz nicht untergeht.

Zu den bevölkerungs- und religionssoziologischen Schwierigkeiten kommt freilich immer auch noch das Problem, einen geeigneten Veranstalter zu finden. Den besten Service bei Lesungen genießt ein Schriftsteller, wenn er es mit den Profis in einer Bücherei zu tun hat. Mitgefühl erfaßt ihn dabei immer mit der Bibliothekarin, wenn ihm kleine Schweißperlen auf ihrer Nase und Stirn anzeigen, daß ein Gemeinderat oder gar der Herr Bürgermeister im Raum ist. Er spürt dann, wie sie inständig hofft, die Lesung möge kein Flop werden und bei den Vertretern der Kommune gar den Gedanken aufkommen lassen, das Geld für das Honorar hätte man auch besser in die Kläranlage oder in den Bauhof gesteckt. Aus Solidarität strengt Karl Napf sich dann stets besonders an.

Problematischer dagegen sind manchmal Lesungen bei Volkshochschulen, die oft schon nicht über einen geeigneten Raum verfügen. Hinzu kommt, daß so mancher Volkshochschulleiter in Württemberg aus Nordrhein-Westfalen kommt und seine Landeskunde zum Beispiel dadurch verrät, daß er den Autor als aus »Horb bei Stuttgart« stammend vorstellt und mit der schwäbischen Sprache seine Schwierigkeiten hat.

Noch schwieriger sind freilich oft Lesungen beim einheimischen Buchhandel. Der schwäbische Buchhändler weiß zwar in der Regel, wo Horb liegt, hat aber dafür oft massive rhetorische Probleme, und Karl Napf ist bei der Ansage meist schon zufrieden, wenn Pseudonym und bürgerlicher Name sauber auseinandergehalten werden.

Bei der Ankündigung zeigt sich wieder die entscheidende Bedeutung des Klappentextes, den der Veranstalter gerade noch liest, um sich vorzubereiten, und der ja auch den meisten Rezensionen zugrunde liegt. Die Abfassung dieses Textes ist daher für den Autor der mit Abstand schwierigste Teil des Buches, gilt es doch hier, die richtige werbewirksame Mischung aus Selbstlob, Ehrlichkeit und Verkaufspsychologie zu finden, was nicht jedermanns Sache ist. Die eigentliche Lesung ist dann das kleinste Problem für den Lesenden, da er üblicherweise für jedes Publikum über ein bewährtes Repertoire an geeigneten Texten verfügt, das er für jeden Ort variiert. Der kritische Punkt kommt erst nach der Lesung, wenn der Schlußapplaus versickert ist. Ein guter Veranstalter weist dann darauf hin, daß jetzt die Möglichkeit bestehe, signierte Bücher zu erwerben und vergißt nicht, was in Württemberg sehr wichtig ist, hinzuzufügen, daß die Bücher dadurch »mehr wert« würden. Der Autor verdient zwar weniger als zehn Prozent an seinem Buch, wie jeder Mensch ist er aber ein wenig eitel. Vom Signieren zum Resignieren ist daher nur ein kleiner Schritt, wenn der Verfasser nach Dienstschluß über 100 Kilometer nach Heidenheim fährt, um dann drei Bücher zu signieren. Kenner der Szene versichern freilich, das sei durchaus üblich und nicht nur in Heidenheim, und man könne ja derartige Verlustreisen schließlich auch von der Steuer absetzen.

Spätestens jetzt, wenn die Zuhörer aufstehen und es unruhig wird, wachen auch die zwei, drei von ihren Frauen mitgeschleiften Ehemänner im Saale auf, die nach dem ersten Drittel der Lesung eingeschlafen waren, was ihnen zumindest Karl Napf nicht übel nimmt, da er selbst auch manchmal müde ist. Da diese Zuhörer meist zufrieden lächelnd einschlafen, bucht er ihr Entschlummern sogar als relativen Erfolg.

Jetzt zeigt sich, ob ein Buchhändler clever ist, oder ob er zu den vielen Amateuren in seinem Fach gehört, die menschlich überaus liebenswürdig, dementsprechend aber keine Verkaufskanonen sind. Ein guter Buchhändler zaubert jetzt ein paar Flaschen Württemberger und Brezeln hervor, die nicht nur bei den vom Schlaf Erwachten regen Zuspruch finden. Es ist ein ungeschriebenes – vielleicht von Thaddäus Troll inspiriertes – Gesetz, daß zu schwäbischen Autoren Trollinger gereicht wird, obwohl auch Kerner denkbar wäre. Für den ländlichen Raum sind auch »harte Drogen« wie der gute alte Most geeignet, die Kaufbarrieren zu brechen.

Über den optimalen Einsatz von Alkohol bei Lesungen ist noch wenig geforscht worden. Richtig dürfte es sein, nicht während der Lesung eine Trink- und Vesperpause einzulegen, wie auf dem Lande manchmal gewünscht, da das werte Publikum dann im zweiten Teil des Abends Pointen aufspürt, die der Autor gar nicht vorgesehen hatte. Empirische Versuche dürften ergeben, daß der Entschluß, ein Buch normaler Preislage zu kaufen, in Württemberg bei Frauen meist schon bei etwa 0,4 Promille, bei Männern in ländlichen Gegenden hingegen oft erst bei 0,8 Promille und mehr hervorgerufen wird. So wäre langfristig zu bedenken, ob der durch Buchkaufhäuser hart bedrängte Buchhandel nicht sein Heil in der Zusammenarbeit mit dem Wein- und Spirituosenhandel suchen sollte, gewissermaßen als Verbund aller »geistigen Werte« des Landes. Eine Buchhandlung als »non food«-Abteilung eines Weingeschäftes wäre zwar etwas Neues, aber unsere Zeit zwingt uns ja auf allen Gebieten immer wieder zu unkonventionellen Lösungen.

Wenn der Wein zu Ende geht, geht auch die Lesung zu Ende, und Schriftsteller und Händler warten nur noch auf den Zeitungsbericht. Dieser fällt am positivsten aus,

wenn der Vortragende eine Beziehung zum Ort der Lesung hatte und womöglich sogar eine Weile dort gelebt hat, weshalb karrierebewußte Schriftsteller alle zwei Jahre umziehen sollten, um an möglichst vielen Orten als »einheimischer Autor« zu gelten.
So bewegt ein Poet durch seine Lesungen zwar selten die Welt, aber um so mehr sich selbst. Sein schönster Lohn sind zufriedene Zuhörer, die sich und ihre Welt in seinen Büchern erkennen, beides ironisch hinterfragen lassen und schließlich versöhnt nach Hause gehen.